10 SOLUCIONES SIMPLES PARA EL DÉFICIT DE ATENCIÓN EN ADULTOS

Stephanie Moulton Sarkis

10 SOLUCIONES SIMPLES PARA EL DÉFICIT DE ATENCIÓN EN ADULTOS

Cómo superar la distracción crónica
y alcanzar tus objetivos

México • Miami • Buenos Aires

Título original: *10 Simple Solutions to Adult ADD*

10 soluciones simples para el déficit de atención en adultos
© Stephanie Moulton Sarkis, 2009

Quarzo

D.R. © Editorial Lectorum, S.A. de C.V., 2009
Centeno 79-A, Col. Granjas Esmeralda
C.P. 09810, México, D.F.
Tel.: 55 81 32 02
www.lectorum.com.mx
ventas@lectorum.com.mx

L.D. Books Inc.
Miami, Florida
sales@ldbooks.com

Lectorum, S.A.
Buenos Aires, Argentina
lectorum-ugerman@netizen.com.ar

Primera edición: enero de 2009
ISBN: 978-1500774264

© Traducción: Silvia Espinoza de los Monteros
© Portada: Perla Alejandra López Romo

Impreso y encuadernado en México
Printed and bound in Mexico

DEDICATORIA

Dedico este libro a todos mis pacientes, cuya fortaleza admiro. Ellos me han enseñado la mayor parte de lo que sé sobre el Déficit de Atención en Adultos.

INTRODUCCIÓN

¿Extravía usted las cosas? ¿Interrumpe a las personas? ¿Es usted olvidadizo? Si bien todos experimentamos estos problemas de vez en cuando, las personas que padecen el Trastorno por Déficit de Atención, TDA (*attention deficit disorder*), enfrentan estos problemas y otros más día tras día.

Este libro es para aquellas personas que han sido diagnosticadas recientemente o que sospechan que padecen el TDA. Si usted desde hace algún tiempo lo padece, este libro puede ofrecerle soluciones para algunos de los contratiempos comunes. Este libro no aborda con gran detalle este trastorno; no obstante, al final de cada capítulo le proporcionaré algunos recursos adicionales para mejorarlo.

CÓMO UTILIZAR ESTE LIBRO

Las técnicas contenidas en este volumen no harán que desaparezca su TDA, pero pueden ayudarle a hacer su vida más controlable. Cuando padece usted TDA, puede sentirse agobiado por la transformación. Elija al principio una de las soluciones y observe si funciona. Si es así, ¡excelente! Intente otra solución cuando sienta que la primera se ha logrado incorporar a su estilo de vida. Está bien si puede usted leer sólo partes del libro cada vez. Cuando se padece TDA, puede resultar difícil leer durante un tiempo prolongado. Asimismo, está bien si se salta algunas partes del libro para adquirir fragmentos de información que se ajusten a sus necesidades. Encontrará usted un ejercicio al final de cada capítulo. Estos ejercicios le proporcionarán una visión completa sobre cómo influye el TDA en su vida; además le servirán de ayuda para perfeccionar su proyecto de transformación.

Una visión general de las soluciones simples contra el Trastorno por Déficit de Atención, TDA, en el adulto.

Comencemos por conocer los temas que abordará este libro. El capítulo 1 ofrece una visión general de los síntomas, mitos y realidades acerca del TDA. El capítulo 2 aborda el tema de la medicación, un tratamiento contra el TDA que ha probado su efectividad. El capítulo 3 ofrece las soluciones contra el desorden y lo orienta para volverse organizado. El capítulo 4 trata acerca de cómo desarrollar un sistema que lo ayude a evitar perder cosas. En el capítulo 5, le proporcionaré las estrategias para la administración del tiempo que funcionan en las personas que padecen TDA. El capítulo 6 aborda las soluciones contra las dificultades que surgen en la administración del dinero. En el capítulo 7, hablaré sobre las diversas maneras en las que puede usted alcanzar el bienestar físico, emocional y espiritual. En el capítulo 8, se sugieren las profesiones adecuadas para las personas que padecen TDA. Debido a que el TDA puede originar ciertas dificultades sociales, en el capítulo 9 se aborda la manera de mejorar la sociabilidad. El capítulo 10 trata sobre las técnicas que pueden enriquecer sus relaciones.

1. CÓMO ENTENDER EL TRASTORNO POR DÉFICIT DE ATENCIÓN, TDA

A John se le hace tarde otra vez para ir al trabajo. No lograba encontrar las llaves de su automóvil y, después, éste no arrancaba porque la noche anterior dejó las luces encendidas. Tiene que hacer una presentación muy importante en su trabajo, pero no respaldó su computadora y por eso perdió todas las notas para su presentación cuando ésta se descompuso. Al entrar al edificio esta mañana, no se fijó por dónde caminaba y se tropezó con alguien, derramándole encima todo su café. No durmió muy bien anoche porque discutió con su esposa sobre cómo se siente ella de que él no la escuche. Para colmo, ella estaba molesta porque camino a casa se le olvidó comprar la leche y los huevos.

Sally volvió a sentirse abochornada durante la junta de personal. Estaba pensando en lo que haría mañana en su tiempo libre cuando el jefe preguntó:

—Sally, ¿qué piensas sobre lo que Bob acaba de decir?

Sally no tenía la menor idea sobre lo que Bob acababa de decir, pues después de media hora de una aburrida junta, difícilmente podía prestar atención.

Se sentía desconcertada. ¿Por qué siempre le tenía que suceder esto a ella? ¿Acaso se identifica con alguno de estos casos?

¿QUÉ ES TDA?

Aproximadamente el 4 por ciento de los adultos en los Estados Unidos padece de TDA, también conocido como Trastorno por Déficit de Atención e Hiperactividad o TDAH [Wender, Wolf y Wasserstein, 2001]. Como tal vez ya lo haya usted descubierto, el TDA afecta todos los aspectos de su vida: el trabajo, la familia, e incluso su vida social.

¿Qué significa padecer TDA? Los síntomas incluyen:

* Variaciones en el estado de ánimo.
* Abuso de substancias.
* Programar demasiadas actividades.
* Elaborar numerosas listas de cosas por hacer y nunca realizarlas.
* Recibir muchas multas por exceso de velocidad.
* Tener la sensación de no vivir de acuerdo con su potencial.
* Postergar las cosas con mucha frecuencia.
* Correr riesgos de manera impulsiva.
* Tener dificultad para finalizar los proyectos.

- Perder artículos frecuentemente.
- Poseer un temperamento irascible.
- Tener dificultad para organizarse.
- Pasar por varios matrimonios.
- Abandonar empleos de manera impulsiva.
- Cambiar de empleo frecuentemente.
- Carecer de amigos.
- Tener dificultad para administrar el dinero.
- Tener baja autoestima.
- Ser un subempleado (trabajar por debajo de su capacidad).
- Sentir tanta aversión por el tráfico, que es capaz de desviarse de su camino por evitarlo.
- Interrumpir a las personas.

Muchos adultos que padecen TDA fueron diagnosticados con TDA infantil, pero éste no es siempre el caso.

Tal vez le sorprenda saber que el TDA no en todos los casos es algo negativo. Las personas que padecen TDA pueden tener:

- Creatividad.
- La habilidad para realizar varias tareas de manera efectiva.
- Un buen sentido del humor.
- Versatilidad.
- La habilidad para dejar escapar los rencores.
- Talento para pensar "más allá de los límites".

• El ánimo para enfocarse en lo que les interesa.

El TDA puede manifestarse de diferentes formas. Quien padece TDA quizá tiene el gran problema de interrumpir a otras personas, y en otros casos el principal problema es el perder cosas. Asimismo, varias conductas pueden hacer su aparición en una sola persona. Una persona que padece TDA podría no aceptar con agrado cierta situación y, más adelante, sentirse a gusto con la misma situación, o viceversa. Por ejemplo, un estudiante muy brillante obtuvo una A, una B, una C y una D en un semestre y solamente A en todos los casos en el siguiente semestre. Los cambios como éste pueden desconcertar a su familia y amigos y, aún más, a usted.

Los síntomas del TDA pueden provocar muchas dificultades en su vida. Todos hemos tenido, al menos, algunos de estos síntomas en una u otra ocasión; sin embargo, como una persona que padece TDA, usted vive con la mayoría de estos síntomas casi todo el tiempo. El TDA en el adulto puede interferir en su habilidad para desempeñar su trabajo, para llevarse bien con su familia o para tener amistades sólidas. Estas son algunas de las señales que le mostrarán si el TDA le está provocando dificultades:

• Ha sido despedido de un empleo debido a su incapacidad para concentrarse o ser organizado.

- Ha sido reprendido en el trabajo por no cumplir con las tareas asignadas.
- Las personas que usted aprecia han insistido en que consiga ayuda.
- Tiene problemas para conservar amistades duraderas.
- Ha sido reprendido en el trabajo por perder los estribos.
- Tiene dificultades para llevarse bien con su familia o compañeros de cuarto.
- Tiene usted un problema de adicción.
- Tiene problemas legales, como arrestos o numerosas infracciones de tránsito.
- Su bajo rendimiento lo ha llevado a sufrir una baja autoestima o depresión.
- Está usted perdiendo tiempo y dinero debido a su incapacidad para organizarse.
- Sus cheques rebotan.
- Tiene problemas con las autoridades hacendarias por no pagar sus impuestos a tiempo.
- Recibe recargos en sus cuentas porque se le olvida pagarlas a tiempo.
- Ha tenido que declararse en bancarrota debido a su mala administración del dinero.
- Siente que su vida no tiene ningún sentido y está desesperado.

LOS MITOS ACERCA DEL TDA

El TDA no es en realidad un problema de falta de atención. Si usted lo padece, puede poner atención especialmente en las cosas que le interesan; sin embargo, su cerebro tiene dificultad para mantenerse concentrado. El TDA afecta los lóbulos frontales del cerebro. El lóbulo frontal realiza las mismas labores que un ejecutivo en una compañía: organiza la información, toma decisiones, trasmite y almacena la información y se asegura de que todo funcione adecuadamente. El deterioro de estas funciones ejecutivas puede provocar falta de memoria, una inclinación a perder cosas, una tendencia a interrumpir a los demás e, incluso, a cambiar de estado de ánimo.

La mayoría de las personas no dejan de padecer TDA, como generalmente se piensa. Aproximadamente dos terceras partes de los niños con TDA continúan padeciéndolo cuando son adultos (Barkley y otros, 2002). Sus conductas, propias del TDA, pueden haber cambiado en relación con su niñez; sin embargo, pueden seguir dificultando su vida. Por ejemplo, cuando era niño, quizás tenía problemas porque corría por todos lados. Como adulto, al contrario, quizá tiene la sensación de inquietud. Como niño, tal vez tenía problemas para esperar su turno para jugar. Ahora, no puede soportar la espera en el tráfico.

Desde hace unas cuantas décadas, se ha incrementado el número de investigaciones sobre el TDA. Este TDA es un trastorno clínicamente reconocido que posee una base y una valoración genética. Por supuesto, algunas personas pueden haber sido mal diagnosticadas con TDA, al igual que sucede con otros trastornos. Sin embargo, existe un mayor número de personas que padecen TDA y que no han sido diagnosticadas.

¿QUÉ ES LO QUE CAUSA EL TDA?

¿Por qué es importante hablar de las causas del TDA? Si sabe que se trata de un trastorno biológico, con suerte se sienta menos culpable o responsable de padecerlo. El TDA no es producto de bajos principios morales. (En los años 90, era visto como un control moral deficiente.) Tampoco se debe a una mala alimentación. Usted no adquirió el TDA por una mala educación por parte de sus padres. Muchos padres se culpan a sí mismos del TDA de su hijo. A algunos de ellos incluso se les dice que si lo hubiesen disciplinado más, éste se hubiese enderezado.

El TDA es potencialmente genético, lo que significa que se trasmite a través de los genes que ha heredado de sus padres. Si usted padece TDA, existe el 50 por ciento de probabilidades de que uno de sus padres lo padezca (Pary y otros, 2002). Uno de sus padres o ambos portaban los genes del TDA. ¿Recuerda a algún miembro de su familia que sufra del mismo problema que usted para concentrarse? Si sigue los antecedentes familiares podrá percibir el componente genético del TDA. El ejercicio que encontrará al final de este capítulo le ayudará a hacerlo.

Existen otras causas biológicas para contraer TDA. El cerebro de las personas que padecen TDA tiene una estructura diferente y una menor cantidad de una sustancia química llamada dopamina. Los medicamentos, como el caso de los estimulantes, incrementan el nivel de dopamina en el cerebro hasta llegar a un nivel normal. Hablaré más acerca de estos medicamentos en el capítulo 2.

El entorno de una persona puede inhibir o propiciar la aparición del TDA. Si para usted era aceptable moverse alrededor de la habitación durante las reuniones laborales, probablemente podría concentrarse mejor. Un cambio de entorno podría ayudarle a manejar su TDA. Más adelante, en este mismo volumen hablaré de cómo hacer que su entorno se adapte mejor a este padecimiento.

Ejercicio: Forme su árbol genealógico del TDA

1. En una hoja grande de papel, dibuje un diagrama de su árbol genealógico.
2. Debajo de los nombres de sus parientes, escriba

"TDA" si sabe o sospecha que padecían TDA. Recuerde que el padecimiento no era generalmente conocido en años pasados. Las personas pueden haber tenido síntomas de TDA pero nunca haber sido diagnosticadas.

3. De igual manera, anote qué miembros de su familia sufrieron de adicción a las drogas o al alcohol. Esto puede ser un signo de TDA ya que muchas personas que lo padecen, pueden presentar problemas de adicción.

4. Pregunte a sus familiares sobre algún pariente de quien no sepa mucho, y que pudiera haber manifestado síntomas.

Al formar su árbol genealógico, piense en las siguientes preguntas:

- ¿Qué detecta en su árbol genealógico acerca del patrón de TDA?
- ¿Qué percibe en relación con algún patrón de adicción a las drogas o al alcohol?
- ¿Las personas con TDA y las que presentan alguna adicción son las únicas y las mismas?
- ¿Hay alguien de su familia que parezca excéntrico? ¿Hacen cosas que se consideran fuera de lo normal?
- ¿Alguien de su familia padece de lento aprendizaje? (Existe un alto porcentaje de lento aprendizaje entre las personas que padecen TDA).

Quizá desee compartir sus hallazgos con otros miembros de su familia. El TDA puede ser heredado y es probable que algunos de sus parientes cercanos padezcan ese trastorno.

Éste es el ejemplo de un árbol genealógico:

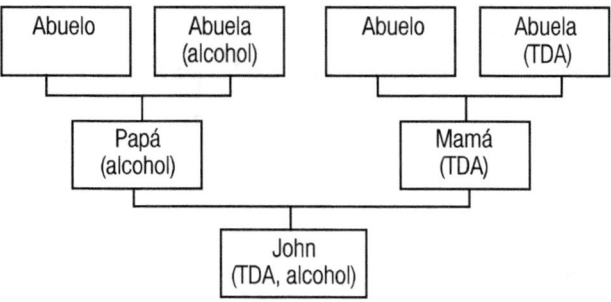

En este capítulo conoció las causas del TDA. Asimismo, aprendió sobre los mitos y las realidades acerca del TDA. En el siguiente capítulo conocerá los medicamentos disponibles en el mercado para quienes padecen TDA.

FUENTES

Barkley, R. 1997. *ADHD and the Nature of Self-Control.* Nueva York: Guilford Press.

Hallowell, E., y J. Ratey. 1995. *Driven to Distraction: Recognizing and Coping with Attention Deficit Disorder from Childhood Through Adulthood.* Nueva York: Touchstone.

Weiss, L. 1997. *Attention Deficit Disorder in Adults.* Tercera edición. Dallas: Taylor Trade Publishing.

Asesoría sobre TDA
www.addconsults.com

Revista ADDitude
www.additudemag.com

Revista Attention!
www.chadd.org

La tienda del TDA
www.addwarehouse.com
(800) 233-9273

Niños y adultos con Trastorno por Déficit de Atención
www.chadd.org

2. MEDICACIÓN

En el capítulo 1, usted conoció los síntomas y las causas del TDA. En este capítulo conocerá sobre un tratamiento probado para el control del TDA: la medicación. Puesto que se trata de un trastorno biológico, la medicación sigue siendo el tratamiento más eficaz para el control del TDA. La medicación es un principio básico que hará más eficaces las demás estrategias de tratamiento. Tal como lo mencioné en el capítulo 1, los estudios han demostrado que las personas que padecen TDA poseen un nivel bajo de dopamina. Si posee un bajo nivel de esta sustancia química, casi sin darse cuenta, usted buscará cosas que aumenten su nivel, incluyendo el moverse nerviosamente, apostar, consumir cafeína, drogas ilícitas, tabaco y alcohol. Los medicamentos aumentan el nivel de dopamina en su cerebro por lo que se siente mejor sin necesidad de emplear una conducta expuesta.

Los medicamentos no curan su TDA y tampoco eliminan los síntomas por completo. Además, su efecto quizá no sea inmediato. Sin embargo, pueden al menos hacer una pequeña diferencia en su desempeño diario y, si los ha estado tomando por más de un año, eso hará una enorme diferencia.

Un concepto erróneo muy común es creer que las personas con TDA se volverán adictas al medicamento para controlar este padecimiento. Muchos de los medicamentos que se utilizan para tratar el trastorno son estimulantes del mismo tipo que las anfetaminas. Sin embargo, a diferencia de las drogas ilícitas, estos medicamentos estimulantes se encuentran regulados por el gobierno estadounidense y no producen adicción si se toman tal y como son prescritos. De hecho, las personas que toman medicamentos estimulantes para tratar su TDA poseen un menor grado de abuso de substancias que aquellas que no toman estos medicamentos (Wilens y otros, 2003). Esto se debe a que tomar medicamentos para tratar el TDA es ahora un medio seguro de incrementar el nivel de dopamina en el cerebro.

TIPOS DE MEDICAMENTOS

La Dirección de Alimentos y Drogas de los E.E.U.U., FDA (Food and Drug Administration of the United States) aprueba y controla los medicamentos. Asimismo, supervisa las investigaciones médicas y las evaluaciones sobre la seguridad y eficacia de los fármacos que aún no han sido aprobados. Cuando un fármaco es aprobado por la FDA, ésta proporciona una instrucción de uso, lo que significa que aprueba el uso de ese fármaco para el tratamiento de un trastorno o enfermedad en particular basándose en los datos obtenidos de las investigaciones clínicas. Los siguientes son medicamentos señalados por la FDA para su uso en el tratamiento del TDA:

*   Dextroanfetamina (Dexedrine).
*   Mezcla de sales de anfetamina (Adderall).
*   Metilfenidato (Concerta, Metadate y Ritalin).
*   Dexmetilfenidato (Focalin XR).
*   Atomoxetina (Strattera).

Las anfetaminas, el dexmetilfenidato y el metilfenidato son estimulantes, lo contrario a la atomoxetina. Si un fármaco no está indicado por la FDA para tratar el TDA, significa que las empresas farmacéuticas no están autorizadas a promover ese medicamento como un medio de tratamiento para el trastorno. Sin embargo, su médico podrá prescribirle estos medicamentos. Los siguientes medicamentos no están señalados por la FDA como un medio para el tratamiento del TDA, pero pueden ser eficaces:

*   Bupropión (Wellbutrin XL)
*   Algunos antidepresivos tricíclicos
*   Guanfansina (Tenex)
*   Clonidina (Catapres)
*   Modafinilo (Provigil)

Estimulantes

Los estimulantes incrementan la concentración y disminuyen la hiperactividad; asimismo, reducen la impulsividad al estimular los lóbulos frontales del cerebro. Los efectos secundarios más perceptibles de los estimulantes son menor apetito, dolor estomacal y cefaleas. Éstos suelen ser temporales y disminuir gradualmente. Los estimulantes de liberación prolongada, como Concerta, Adderall XR y Dexedrine, en cápsulas de liberación prolongada, tienen un efecto de ocho a doce horas, lo que hace más conveniente tomarlos. Puede usted ingerir el estimulante de liberación prolongada antes de salir hacia el trabajo o la escuela y tendrá un efecto durante la mayor parte del día. Los estimulantes de liberación inmediata, como Ritalín, Focalín y Dexedrine tienen un efecto de tres a cuatro horas y se toman generalmente más de una vez al día.

Liberación inmediata	Liberación prolongada
Ritalín	Concerta, Metadate CD, Ritalín LA
Adderall	Adderall XR
Dexedrine	Dexedrine con cápsulas de liberación prolongada
Focalín	Focalín XR

Provigil (modafinilo) es un estimulante de acción prolongada, que se utiliza para ayudar a las personas que sufren trastornos del sueño a que permanezcan despiertas. No está indicado por la FDA para el tratamiento del TDA, sin embargo, algunos médicos lo encuentran muy útil.

Los estimulantes están clasificados por la FDA como medicamentos de esquema II, lo que significa que son substancias controladas que poseen un potencial adictivo. Algunas personas abusan de los estimulantes por sus efectos secundarios tales como un mayor estado de alerta y pérdida de peso. Debido a su potencial de abuso, los medicamentos estimulantes no pueden ser surtidos en una farmacia sin la presentación física de una prescripción médica.

Algunas personas deciden interrumpir su medicación durante los fines de semana y las vacaciones, ya que durante esos períodos no necesitarán concentrarse tanto. Sin embargo, debe recordar que el TDA afecta todos los aspectos de su vida: trabajo, relaciones sociales y el trato con la familia. El tomar diariamente sus medicamentos estimulantes puede brindarle una mejor calidad de vida.

En caso de que deba ser sometido a una prueba antidoping, asegúrese de informarle al examinador que está usted tomando estimulantes prescritos por un médico y lleve consigo el envase del medicamento. Su prueba podría dar positivo en el uso de anfetaminas.

Strattera

En el año 2002, Strattera se convirtió en el primer medicamento no estimulante aprobado por la FDA para el tratamiento del TDA. Strattera funciona en adultos, niños y adolescentes. Dos importantes experimentos demostraron que Strattera funciona en los adultos mejorando la concentración y reduciendo la impulsividad y la hiperactividad (Michelson y otros, 2003). Strattera tiene un efecto de veinticuatro horas. El medicamento no desaparece de su sistema, por lo que recibe todos sus beneficios. Strattera funciona de distinta manera que los medicamentos estimulantes, por lo que las personas que padecen de ansiedad y de contracciones nerviosas pueden tomarlos. Puesto que Strattera no es un estimulante y no produce adicción, no pertenece al grupo de los medicamentos de esquema II. Esto significa que su prescripción puede ser resurtida por su médico vía telefónica.

La desventaja de Strattera es que tarda de dos a seis semanas en hacer efecto. Asimismo, puede provocar dolor estomacal temporal, náusea y agotamiento. Algunos de estos efectos secundarios disminuyen con el tiempo. Strattera debe tomarse diariamente.

Antidepresivos

Wellbutrin es un antidepresivo prescrito para el tratamiento del TDA. No es un medicamento señalado por la FDA para el tratamiento del TDA. Los antidepresivos tricíclicos, TCA's (Tricyclic antidepressants) también pueden ser prescritos para el tratamiento del TDA, aunque no están aprobados por la FDA para ser utilizados en las personas que padecen TDA.

Otros medicamentos

Muchas personas que padecen TDA también sufren de depresión, ansiedad o variaciones en el estado de ánimo. Su médico puede prescribirle antidepresivos para tratar la depresión y la ansiedad, así como también algunos medicamentos llamados estabilizadores del ánimo para tratar tanto las variaciones en el estado de ánimo como los problemas de neurastenia.

Cómo recordar si toma sus medicamentos

Si padece usted TDA, puede ser difícil recordar si tomó o no sus medicamentos. Adquiera un pastillero para siete días. Esto le ayudará a recordar que debe tomar su medicamento, al mismo tiempo que evitará que lo tome dos veces. Llene el pastillero al inicio de la semana y rellénelo el mismo día de la semana.

¿QUIÉN DEBE PRESCRIBIR EL MEDICAMENTO PARA CONTROLAR EL TDA?

Psiquiatras, neurólogos y practicantes de psiquiatría, por lo general, poseen una capacitación especializada en el tratamiento del TDA. Cualquier médico puede prescribir los medicamentos, sin embargo, le resultará más fácil comunicarse con los médicos que se especializan en el TDA. El médico le hará preguntas sobre sus síntomas y podrá hacerle algunas pruebas especiales para determinar con precisión su diagnóstico. Con el fin de llevar a cabo un seguimiento de su progreso, su médico podría utilizar estas evaluaciones no sólo en su primera visita, sino en las posteriores.

CÓMO ENCONTRAR UN MÉDICO

Acuda a uno de los siguientes grupos y pregunte a quién recomiendan para una prescripción de medicamentos para el control del TDA:

- Un grupo de apoyo del TDA.
- Su médico de cabecera.
- Familiares.
- Amigos que padecen TDA.
- Padres de niños con TDA.
- Psiquiatras infantiles.
- Psicoterapeutas que se especializan en el TDA.

LA CITA CON SU MÉDICO

Al acudir por primera vez con un médico que se especializa en el TDA, probablemente éste lo vea durante casi una hora, pues tal vez le haga preguntas sobre lo siguiente:

- El mayor problema que está experimentando justamente ahora.
- Los síntomas actuales y anteriores del TDA.
- Sus hábitos de alimentación y de sueño.
- Historial clínico (medicamentos actuales, alergias a ciertos medicamentos, antecedentes de convulsiones o heridas en la cabeza).
- Historial familiar de TDA, depresión, ansiedad, abuso de substancias, trastorno bipolar o esquizofrenia.
- Historial educativo.
- Problemas legales.
- Historial laboral.

El médico le preguntará sobre todas estas cosas a fin de poder evaluarlo detenidamente. El médico desea tener una base de referencia exacta, un panorama completo de usted antes de que comience el tratamiento. Mientras más información proporcione, mejor. El panorama básico le ayudará a los médicos a determinar qué tan efectivo será un tratamiento para usted.

Sería muy útil que anotara algo de esta información antes de ir a su consulta. El ejercicio que se encuentra al final de este capítulo le ayudará a este fin. Asimismo, lleve cualquier documento que crea puede servir de ayuda al médico: registros médicos anteriores, cartas de algunas personas importantes donde especifiquen que se sienten preocupadas por su comportamiento, reportes de disciplina de cuando era usted un niño y previos exámenes psicológicos. Sería una buena idea pedirle a una persona importante para usted que le acompañe a su cita. Algunos estudios han demostrado que las personas que padecen TDA tienen dificultad para juzgar su propio comportamiento, y que las personas cercanas pueden describirlos con mayor precisión (Quinlan, 2000).

Ya en el consultorio del médico, probablemente le pidan que elabore un cuestionario acerca del TDA en los adultos tales como la Escala de Conners en el TDA en los Adultos (CAARS, Conners Adult TDA Rating Scales) (Conners, Erhardt y Sparrow, 1999) y la Escala de Déficit de Atención para los Adultos (ADSA, Attention Deficit Scale for Adults) (Triolo y Murphy, 1996). El médico puede practicarle una prueba por computadora, para medir la capacidad de los lóbulos frontales de su cerebro. Una prueba como ésta, puede consistir en oprimir el botón del mouse al ver ciertas letras en la pantalla y no oprimirlo con otras letras.

Siga su intuición cuando se entreviste con un médico. Debe asegurarse de que sus preguntas sean respondidas y de que el doctor llevó a cabo una evaluación completa. Es perfectamente aceptable hacer preguntas. Cuidado con los médicos a los que no les gusta responder preguntas sobre sus métodos de tratamiento. Tenga en mente que los medicamentos pueden tardar algún tiempo en hacer efecto. Tal vez su doctor tenga que cambiarlos a fin de encontrar el que a usted le funciona mejor. Si siente que algo no anda bien, consulte a otro médico para obtener una segunda opinión. El TDA es un trastorno crónico y quizás deba trabajar con su médico por un largo periodo. Vale la pena tomarse el tiempo para encontrar un médico con quien se sienta a gusto.

Ejercicio: Ayude a su doctor a ayudarlo

Las primeras consultas pueden ponerlo nervioso, por lo que mientras más preparado esté, mejor. Complete el formato de "Anotaciones sobre la primera consulta" que aparece en la siguiente página y llévela consigo. Esto le ayudará a recordar lo que quiere decirle al médico.

Anotaciones sobre la primera consulta

Nombre_____Fecha_____

Por qué estoy aquí hoy:

Qué me gustaría lograr en esta consulta:

Qué me gustaría lograr al tomar los medicamentos:

Medicamentos actuales (si los hay):
Nombre del medicamento   Dosis   Cuándo lo tomo
1.
2.
3.
4.

Soy alérgico a:

Otros médicos que he consultado con respecto a mi TDA:

Medicamentos que tomaba anteriormente para el TDA y los efectos secundarios que tuve:

En este capítulo conoció los medicamentos que se encuentran en el mercado para tratar el TDA. En el siguiente capítulo sabrá cómo reducir la confusión y organizar sus actividades.

Fuentes

Strattera
www.strattera.com

Adderall XR
www.adderallxr.com

Dirección de Alimentos y Drogas de los E.E.U.U.

(FDA, U.S. Food and Drug Administration)
www.fda.gov

Instituto Nacional de Salud Mental (NIMH, National

Institute of Mental Health)
www.nimh.nih.gov

Centerwatch
www.centerwatch.com

3. REDUZCA EL DESORDEN Y ORGANÍCESE

Puede ser difícil definir el desorden con precisión; pero lo reconoce en cuanto lo ve. Tal vez tenga usted sobre su escritorio algunos artículos que no utiliza, pero que ocupan un espacio. Tal vez tenga papeles sobre el piso de su oficina porque no sabe qué hacer con ellos. El desorden en su casa y su trabajo pueden hacerlo sentir abrumado e improductivo. En este capítulo, conocerá algunas técnicas para reducir su desorden y organizarse, fáciles de practicar si padece usted de TDA.

AVANCE A SU PROPIO RITMO

Las personas que padecen TDA pueden agotarse tratando de realizar demasiadas cosas a la vez. Esto lleva a un desgaste y a evitar las tareas de organización. La clave está en avanzar a su propio ritmo. Piense en la tarea de ordenar como una serie de carreras cortas y no como un maratón. Ordene y organice un cajón o superficie a la vez y trabaje en periodos cortos de tiempo.

Programe una alarma de veinte minutos cuando se dedique a la tarea de organizar. Deténgase cuando suene la alarma. No caiga en la trampa de "hacer sólo una cosa más". Tómese un descanso y concédase un premio por un trabajo bien hecho.

TRABAJE CON UN COMPAÑERO DE ORGANIZACIÓN

Un compañero de organización es un amigo, un familiar o un compañero de trabajo que lo ayudará mientras organiza papeles y cuentas por pagar o cuando lleva a cabo una tarea. Algunas personas que padecen TDA tienen problemas para motivarse, pero pueden concentrarse relativamente bien. Otras tienen problemas en ambas áreas. El grado de participación por parte de su compañero de organización dependerá de la intensidad de su TDA, de su estilo personal, de sus habilidades de organización y de las tareas que se deben realizar.

Plan A

Algunas personas eligen el plan A: tener a un compañero de organización en la misma habitación, pero que no interactúe con ellas. Algunas veces, el simple hecho de tener a alguien cerca mientras se organiza le puede servir para concentrarse. Por ejemplo, tal vez esté ordenando algunos papeles mientras su compañero de organización está en la misma habitación pero realizando otra actividad. El plan A es muy efectivo para las personas que sienten que necesitan de un poco de ayuda, pero que tienen una clara idea de cómo quieren organizar las cosas.

Plan B

Otras personas eligen el plan B, permitiendo que su compañero de organización ayude pero sin dar consejos ni sugerencias. Si está usted organizando papeles, se los entrega a su compañero y le dice dónde desea que los coloque. El compañero de organización le puede ayudar a etiquetar las cajas, traer bolsas de basura o realizar otras tareas que le ayuden a organizarse de una manera más eficiente. Por ejemplo, si está usted ordenando su clóset y decide entonces que donará la ropa que ya no quiere al refugio local para las personas que han sufrido violencia familiar, pida a su compañero de organización que marque una caja con la palabra "refugio". Cuando encuentre un artículo que ya no necesita, se lo entrega a su compañero. Éste lo colocará dentro de la caja. Esto hará que el proceso sea más rápido y reduce las posibles distracciones. El plan B es preferible para aquellas personas que tienen una buena idea de cómo desean organizarse pero que les resulta difícil mantenerse concentradas.

Plan C

En el plan C, su compañero de organización participa activamente en el proceso. Sugiere la manera de organizar los artículos, le pregunta si realmente necesita un artículo en particular y hace que recupere la concentración. Por ejemplo, si usted decide organizar sus gabinetes de la cocina. Su compañero de organización saca cada uno de los utensilios y le pregunta si desea conservarlo, tirarlo o donarlo. Entonces coloca el artículo en la pila apropiada. Usted ni siquiera toca los artículos. Esto reduce su nivel de distracción y su indecisión para deshacerse de algunos artículos. Esta opción es para aquellas personas que necesitan ayuda para encontrar un plan de organización y que suelen perder la concentración con frecuencia.

Para algunos proyectos, tal vez tenga usted una idea clara de lo que le gustaría lograr. Tal vez quiera seguir el plan A o el plan B. Para otros proyectos, tal vez sienta que no sabe por dónde empezar. En este caso, tal vez prefiera seguir el plan C. Puede utilizar un compañero de organización de diferentes maneras y para distintas tareas.

Antes de iniciar una tarea, indíquele a su compañero de organización el nivel de participación que necesita para que ambos tengan una clara expectativa. Esto reduce la frustración y aumentará la eficiencia de ambos.

Busque un compañero de organización

Al buscar un compañero de organización, piense en sus amigos, familiares y compañeros de trabajo que no padezcan TDA y que cuenten con tiempo para ayudarlo. Busque personas que sean:

- Organizadas.
- Pacientes.
- Tolerantes con su TDA y con su falta de habilidades para organizarse.
- Capaces de manifestar la frustración o desgaste que adviertan en usted.
- Hábiles para manejar el tiempo.
- Aptas para escuchar.

Si no puede usted encontrar un amigo o un familiar que pueda ser un buen compañero de organización, un organizador profesional puede resultarle de gran ayuda. Asegúrese de que él o ella comprendan la desorganización crónica que forma parte del TDA. Pregúntele si ha trabajado antes con clientes que padecen TDA. Necesitará ser flexible y capaz de trabajar con diferentes estilos de organización. Recuerde que usted es el experto en el conocimiento de lo que a usted le funciona.

Compense a su compañero de organización

La manera en que compensará a su compañero de organización dependerá de su relación. Si tienen una relación profesional tal vez quiera considerar la idea de pagarle. Los organizadores profesionales siempre reciben una paga. Si tienen una relación personal, tal vez quiera usted intercambiar favores. Por ejemplo, su compañero de organización puede intercambiar su tiempo por alguna habilidad que usted posea, como ayudarle a pintar su casa. Definan estos detalles antes de trabajar juntos. Es importante que compense de alguna manera a su compañero de organización porque dedicará mucho tiempo y esfuerzo al ayudarle.

REDUZCA LA TENSIÓN VISUAL

El desorden crea una tensión visual, una sensación de caos y de falta de motivación provocados por una sobrecarga de estimulación en su entorno. Si bien sería ideal eliminar el desorden, no siempre es algo realista para las personas que padecen TDA. Disimular su desorden es una manera rápida de reducir su tensión visual. Coloque en su sala un baúl vacío. Si tiene visitas inesperadas, coloque el desorden en el interior del baúl. Sólo que deberá hacer una nota que le recuerde que colocó ahí los artículos. Elija muebles empotrables y con puertas donde pueda colocar los artículos que no esté utilizando. Con el simple hecho de cerrar las puertas de los muebles reducirá de inmediato la cantidad de tensión visual en su casa. Se sentirá menos agobiado cuando "desaparezca" su desorden.

LA LEY DEL USO

Al conservar los artículos que ya no utiliza, éstos simplemente ocupan un espacio y, a la larga, terminarán dañados o destruidos. Observe las cosas a su alrededor. ¿Ve algunos artículos que no ha utilizado por más de un año? ¿Quién cree usted que podrá utilizar realmente estos artículos? ¿Hay instituciones que se beneficiarían con estos objetos? Al deshacerse de estos artículos que no utiliza, no sólo ayudará al que lo recibe sino a usted mismo. También, le dará a ese artículo un nuevo impulso.

EXPLORE EL FENG SHUI

El Feng Shui (que se pronuncia "fung shway") es el antiguo arte chino de la colocación. La energía vital, o chi, es su principio fundamental. El chi se encuentra a su alrededor, sin embargo puede bloquearse, provocando que se sienta usted deprimido, ansioso o incluso enfermo. Al utilizar los principios del Feng

Shui, usted puede cambiar su espacio vital a fin de aumentar el flujo del chi. Un buen flujo de chi resulta en una mejor salud, una mejor economía y mejores relaciones.

Aun cuando no pueda creer en los principios que fundamentan al Feng Shui, las sugerencias prácticas resultan interesantes y muy efectivas en la reducción del desorden. Es una técnica intelectualmente estimulante para que las personas que padecen TDA se organicen. Los principios del Feng Shui le pueden ayudar a concentrarse mejor al hacer su entorno menos caótico y más tranquilo. El Feng Shui también puede ayudarle a sentirse más en casa dentro de su entorno.

Uno de sus principios señala que el desorden evita el desapego y emprender nuevas cosas. El desorden puede hacer que se sienta usted dentro de un automatismo porque bloquea su chi. Despejar las superficies es un buen primer paso hacia el orden de su entorno y el proceso de organización.

UTILICE EL MÉTODO DE LAS CINCO CAJAS PARA ORGANIZAR LOS ARTÍCULOS

Terminar con el desorden puede resultar agobiante. En un cajón, tal vez encuentre un artículo que necesita ser devuelto a su vecino, otro que necesita ser donado y otro más que debe estar en otra habitación.

¿Cómo puede usted ordenar y hacerlo sencillo al mismo tiempo? La respuesta es el método de las cinco cajas, un proceso dinámico para eliminar el desorden. Mientras más sencillo sea el proceso de organización, más fácil será llevarlo a cabo. Para comenzar, obtenga cuatro cajas grandes, una bolsa grande de basura y un marcador de tinta permanente.

- Rotule la primera caja con la leyenda: "Repáralo". Coloque dentro de esta caja los artículos descompuestos y que pueden ser reparados. Antes de colocar un artículo en esta caja, pregúntese si vale su tiempo y su dinero repararlo.
- En la segunda caja anote la leyenda: "Dónalo". Esta caja contendrá los artículos que podrían disfrutar o utilizar los centros de caridad o su familia o amigos.
- Rotule la tercera caja con la leyenda: "Consérvalo". Esta caja contendrá los artículos que funcionan correctamente y que han sido utilizados durante el año. Asimismo, esta caja contendrá los artículos que tienen un valor sentimental.
- En la cuarta caja escriba la leyenda: "No sé". Utilice esta caja si no está seguro de si necesita o no un artículo. Guarde aparte esta caja durante un año. Si no necesitó algún artículo de esa caja durante ese periodo, probablemente no lo necesite realmente.
- La quinta "caja" será su bolsa de basura. La bolsa de basura contendrá los artículos que es-

tán rotos, que no son reparables o que no tienen ningún valor para usted o para alguien más. Cuando la bolsa se haya llenado, colóquela en el cesto de la basura.

Elija entre sus pertenencias y colóquelas en la caja adecuada. Intente clasificar los artículos lo más rápido pero lo más cuidadosamente posible. Mientras más tiempo se aferre a un objeto, más difícil será que se desprenda de él.

ORGANICE SUS PAPELES

Los papeles pueden salirse de control rápidamente. Este es un método para dominar al monstruo de papel. Compre un archivero con ruedas. Hay mayores probabilidades de que archive un papel si puede mover el archivero hacia usted en vez de tener que levantarse y caminar hacia él. Asimismo puede comprar algunos fólders colgantes. Rotule cinco fólders de la siguiente manera:

Léelo. Este fólder será para artículos y papeles que quiere leer. Lleve este fólder consigo cuando tenga una cita y deba esperar. Es sorprendente lo mucho que se puede leer mientras se espera.

Archívalo. Este fólder es para papeles que necesita para futuras referencias, como documentos legales, garantías y facturas. Programe una fecha cada mes para archivar los papeles en este fólder. De lo contrario, terminará con un fólder repleto de papeles. Si se hace poco a la vez, se logra más.

Actúa. Este fólder es para las cuentas por pagar y otros documentos que requieren de su inmediata atención.

Repártelos. Este fólder es para artículos y otros papeles que serían de mayor interés o uso para alguien más.

No sé. Utilice este archivo para los papeles que no está seguro de necesitar.

Una vez al mes, revise su archivero. Vea el archivo "No sé". ¿Ha utilizado estos papeles en el último mes? Si no, archívelos o tírelos. ¿Queda algo en el fólder con la leyenda "Repártelos"? Si la respuesta es sí, póngalo en el correo y sáquelo de su casa. Revise el fólder con la leyenda "Actúa". ¿Qué es lo que queda en este fólder? Hágalo hoy mismo, archívelos o tírelos. Si encuentra algunos papeles que tal vez utilice en los siguientes meses, siga leyendo este capítulo para saber cómo hacer un seguimiento de éstos.

HAGA UN SEGUIMIENTO DE LOS PAPELES IMPORTANTES

El poder encontrar documentos cuando los necesita, le ahorra tiempo y frustración. Compre dos fólderes de acordeón, uno que esté rotulado con los días del mes y otro con los meses del año. El fólder con los días del mes será para los papeles que requerirá este mes. Si el próximo sábado necesitará un cupón del lavado de autos, archívelo en el fólder con la fecha del próximo sábado. El fólder con los meses del año es para los papeles que usará en los próximos meses. Si recibe una invitación para asistir a una fiesta dentro de dos meses, archívela en el fólder del mes del evento. Al final de cada mes, revise ambos fólderes, el del mes que termina y el próximo. Si aún tiene papeles en el fólder del mes anterior, páselos al fólder del siguiente mes o tírelos en caso de que ya no los necesite.

COMPRE Y REEMPLACE

Cuando compre algo, done o deshágase de un artículo similar. Por ejemplo, si compra un libro nuevo, done otro de sus libros a su biblioteca local o escolar. Esta técnica ayuda a eliminar el aumento de desorden en su casa. Asimismo, reduce, a la larga, la cantidad de trabajo.

ELIMINE EL DESORDEN EN CASA

El desorden en su casa puede acumularse rápidamente. Es casi como una bola de nieve que baja por una montaña, haciéndose cada vez más y más grande. Una de las mejores maneras de reducir el desorden, es deshacerlo de raíz.

Cancele la entrega de su periódico

Los periódicos crean mucho desorden. Afortunadamente, el Internet hace posible que obtengamos las noticias tan pronto como éstas surgen. Usted puede elegir de inmediato lo que desea leer, en vez de estar siendo bombardeado por varios artículos en una página. Su periódico incluso puede contar con una versión online a la cual puede usted tener acceso gratuitamente. De esa manera, podrá usted ahorrar dinero y eliminar el desorden al mismo tiempo.

Revise su biblioteca

En vez de comprar libros o discos compactos que nunca volverá a leer o escuchar, acuda a su biblioteca local y utilícelos de forma gratuita. Sus impuestos han ayudado a instalar la biblioteca, por lo tanto puede obtener algo a cambio de su inversión. Al hacer uso de su biblioteca, ahorrará dinero y evitará agregar libros a su casa que sólo acumulan polvo.

Solicite facturas y declaraciones electrónicas

Muchas compañías le ofrecen la opción de recibir sus facturas para cobro vía e-mail y pagarlas por Internet. Algunas incluso lo alientan para cambiar a la modalidad de pago electrónico. El recibir las cuentas electrónicas, reduce enormemente el correo ordinario que recibe. Tal vez olvide pagar una cuenta en papel que dejó sobre su escritorio, pero es más probable que pague sus cuentas electrónicas de inmediato. Conocerá más acerca del manejo electrónico del dinero en el capítulo 6.

Reduzca su correo-basura

Si disminuye la cantidad de correo-basura que recibe, reducirá su desorden de manera importante. Esto también disminuye el tiempo que le toma revisar todo su correo. Al proporcionarle a las compañías su nombre y domicilio, su información de contacto puede ser ingresada en una base de datos nacional. Las compañías pagan por los nombres que se encuentran en esa lista con fines comerciales.

No elabore ningún formato de garantía ni de registro de producto. Las compañías utilizan esta información para crear sus listas de correo. Muchas compañías contienen pólizas de exclusión, permitiéndole solicitar que no distribuyan su información personal. Siempre elija esta opción. Vea el final de este capítulo para conocer la información sobre cómo eliminar su nombre de las listas de correo.

Revise su correo tan pronto como lo reciba

Sitúese junto a un cesto de basura mientras revisa su correo. De inmediato deshágase de los catálogos, el correo basura y la publicidad. Si llega correo para un miembro de la familia, colóquelo en un cesto de cuentas por pagar aparte. Este cesto se describe detalladamente en el capítulo 6.

MANTENGA SU BOLSO ORGANIZADO

Busque un portafolio o un bolso con muchos compartimentos. Algunos incluyen aros para llaves y algunos, incluso, cuentan con una linterna para ver su contenido. Un bolso con compartimentos le ayudará a encontrar un lugar para todo. Compre una cartera de color brillante de modo que pueda localizarla más fácilmente dentro de su bolso. No cambie de bolso muy a menudo porque podría perder cosas importantes. Las bolsas transparentes con cierre son una excelente manera de clasificar los artículos dentro de su bolso o maletín. Coloque en una bolsa sus artículos personales como los medicamentos. Coloque en otra las plumas y los lápices. Si viaja constantemente, las bolsas transparentes le ayudarán a agilizar el chequeo de seguridad en el aeropuerto –para las cámaras será más fácil observar el contenido de su bolso.

ORDENE SU CLÓSET

Los clósets son como los agujeros negros de su casa. Algunos artículos entran en ellos y jamás vuelven a ver la luz del día. Incluso hasta puede haber ropa que no usa desde que estaba en la secundaria y que, de cualquier manera, ya no es de su talla. Tal vez hasta descubra que ha comprado varias piezas de la misma prenda porque olvidó que ya tenía una. Sus ganchos ya deben ser un complicado embrollo y tal vez ya ni siquiera tenga espacio para todos sus zapatos. ¿Le suena familiar? Estas son algunas ideas para vencer al monstruo del clóset.

Comience con un clóset totalmente nuevo

Revise su clóset y saque las prendas que no ha usado durante el año. Observe cada prenda que ha sacado del clóset.
* ¿La prenda aún le ajusta?
* ¿Tiene la prenda un valor sentimental?
* ¿Necesitará esta prenda en el futuro?

De lo contrario, dónela o deshágase de ella. Ahora estará listo para superar lo que queda del hoyo negro del clóset.

Organice sus prendas por estilos

Agrupe sus prendas dentro de su clóset de acuerdo con las siguientes categorías:

- camisas
- chamarras y sacos
- pantalones
- shorts
- vestidos
- faldas

Si tiene un traje, cuelgue el saco y el pantalón por separado. Tal vez se dé cuenta de que puede mezclar las prendas y crear más combinaciones.

UTILICE DE MANERA EFICIENTE EL ESPACIO EN SU CLÓSET

Haga un mejor uso del espacio en su clóset. Clasificar los artículos reduce el desorden visual y facilita encontrar las cosas. Deseche sus ganchos de alambre y utilice, en cambio, ganchos de madera o de plástico. Los ganchos escalonados o especiales para cinturones y corbatas pueden ayudar a ahorrar espacio. Retire los zapatos del piso del clóset y colóquelos en un escondite, un perchero o una zapatera que cuelgue detrás de la puerta.

Utilice *space bags*

Las *space bags* son bolsas de almacenamiento que pueden comprimirse. Conecte la manguera de su aspiradora a la bolsa y se eliminará todo el aire. Entonces tendrá sus artículos almacenados en un empaque compacto. Las space bags son excelentes para guardar ropa de invierno, como suéteres, guantes y abrigos. También se encuentran disponibles en tamaño portátil, las cuales no requieren de utilizar una aspiradora.

Agilice su compra de vestuario

Antes de salir de compras, haga una lista de lo que necesita y apéguese a ésta. La próxima vez que crea necesitar alguna "terapia de consumo", adquiera un accesorio en lugar de otra prenda de vestir. Los accesorios le ayudan a crear varias combinaciones a partir de unas cuantas prendas de vestir. Decida qué colores le sientan mejor pues, si sabe qué colores usar y cuáles evitar, hará de sus compras algo más eficiente. Asimismo se reduce la cantidad de ropa sin usar dentro de su clóset.

Ejercicio: Reconsidere la organización

Muchas personas que padecen TDA han experimentado reacciones negativas de otros con respecto a su falta de organización.

- ¿Ha sido usted criticado o reprendido por ser desordenado y desorganizado?
- ¿Cómo han afectado estas experiencias sus ideas con respecto a la manera de organizarse?
- ¿Qué le gustaría cambiar sobre su opinión acerca de la organización?
  Una vez que haya determinado lo que le gustaría cambiar, comience a trazar un plan. ¿Qué necesita hacer para lograr este cambio?
- ¿Concidera necesario leer algunas estrategias de organización?
- ¿Necesita hablar con otros adultos que padecen TDA sobre sus experiencias acerca de la manera de organizarse?
- ¿Requiere hablar con un asesor?
- ¿Cómo podrá contactar a estas personas o conseguir esta información?

Ejercicio: Busque los puntos clave de organización dentro de su casa

Puede resultar abrumador comenzar a ordenar y organizar su casa. Este ejercicio le ayudará a abordar aquellas áreas que requieren de una mayor asesoría en su manera de organizarse. ¿Qué áreas de la casa le ofrecen mayor dificultad debido al desorden y falta de aseo? Escriba los nombres de estas habitaciones o áreas. Para cada habitación, responda las siguientes preguntas:

- ¿Cuál es su mayor problema con esta habitación?
- ¿Qué es lo que nunca puede usted encontrar en esta habitación?
- ¿Ya ha intentado antes organizar las cosas en esta habitación? ¿Qué resultados obtuvo?
- ¿Qué podría hacer de manera distinta esta vez para sentirse más exitoso?
- ¿Tiene usted en esta habitación muchas cosas que no necesita o solamente deberían ser agrupadas con los artículos similares y ser almacenadas de manera más eficiente?

Ahora que ya sabe lo que necesita ordenar, es el momento de crear objetivos y tiempos límite para cada habitación. Si pudiera usted agitar una varita mágica y hacer que estuviera exactamente como quiere, ¿cómo se vería? ¿Tendría usted menos artículos en la habitación? ¿Añadiría usted otro mueble para almacenar cosas? Las ideas que usted tiene ahora se convertirán en sus objetivos para la habitación. A continuación, decida los pasos que seguirá y los tiempos límite para cada habitación. Por ejemplo, uno de sus objetivos para el estudio de su casa es deshacerse de algunos de sus libros. Sus objetivos, pasos a seguir y tiempos límite se verían así:

Objetivo: Disminuir el número de libros en el estudio.

Pasos:
1. Conseguir dos cajas: una para los libros que entregaré en donación y otra para los que obsequiaré a amigos y familiares.
   Tiempo límite: Este sábado.

2. Revisar una repisa a la vez y separar todos los libros que no he utilizado en los últimos cinco años.
   Tiempo límite: Una repisa cada semana.

3. Revisar los libros y colocarlos en las cajas que les corresponde.
   Tiempo límite: Una semana para todos los libros.

4. Entregar los libros al centro de donación o a amigos y familiares.
Tiempo límite: Dos días después de clasificar todos los libros.

Los tiempos límite que usted fije serán su mejor cálculo sobre cuánto tiempo le llevará dar cada paso. Usted es el mejor juez sobre cuánto tiempo le toma hacer algo. Sea realista. Asimismo, no fije objetivos tan indefinidos que le cueste trabajo sentirse motivado para lograrlos. Las personas que padecen TDA trabajan mejor dando pasos cortos. Al fijar pasos más manejables y tiempos límite más razonables, podrá alcanzar sus objetivos.

En este capítulo aprendió a reducir su desorden visual y a recortar sus pertenencias. La clave está en ordenar de manera gradual. No necesita hacerlo todo de una vez. Ha tenido un desorden por años y éste no desaparecerá de la noche a la mañana. Felicítese por su progreso, aunque piense que ha sido un pequeño paso.

El desorden excesivo puede llevar a otro fenómeno: perder sus pertenencias. En el siguiente capítulo, aprenderá cómo no ser un "perdedor."

Fuentes

Kohlberg, J. 1998. *Conquering Chronic Disorganization.* Decatur, Ga.: Squall Press.

Morgenstern, J. 1998. *Organizing from the Inside Out.* Nueva York: Owl Books.

Direct Marketing Association
www.dmaconsumers.org/consumerassistance.
html o www.dmaconsumers.org/privacy.html

Servicio Postal Preferente
P.O. Box 643, Carmel, NY 10512
www.dmaconsumers.org/offmailinglist.html

Space Bags
www.spacebags.com

Stacks and Stacks
www.stacksandstacks.com

4. DEJE DE SER UN "PERDEDOR"

Una característica común en las personas que padecen TDA es la extraña habilidad para perder cosas. ¿Cuántas veces ha perdido usted sus llaves, su teléfono celular, sus anteojos o algunos papeles importantes? ¿Alguna vez se ha quedado despierto hasta tarde por buscar algo o ha llegado tarde al trabajo porque no podía encontrar sus llaves? Perder cosas le cuesta a usted tiempo y dinero.

UN LUGAR PARA TODO Y TODO EN SU LUGAR

Cuando las cosas tienen un sitio, es mucho más fácil recordar dónde van y hacer el esfuerzo por colocarlas ahí.

El punto de utilización

Resulta mucho más fácil encontrar las cosas si las guarda usted cerca del punto de utilización. El punto de utilización es el lugar donde es más probable que requiera el artículo. Por ejemplo, si emplea sus anteojos de lectura cuando lee al irse a la cama, manténgalos sobre su buró. Elegir el sitio más conveniente para un artículo significa que es más probable que lo coloque ahí nuevamente.

El punto de visión

Una consecuencia natural del punto de utilización es el punto de visión. Al guardar cosas en las repisas, coloque aquellas que utiliza con mayor frecuencia en el nivel de sus ojos. Esto hace que sea más fácil encontrarlas. Por ejemplo, al organizar sus discos compactos, coloque sus artículos preferidos en el nivel de sus ojos, y los que utiliza con menos frecuencia sobre una repisa más alta o más baja.

Reúna los artículos similares

Si guarda usted unidos los artículos similares, aumentará sus posibilidades de encontrarlos cuando los necesite. Puede hacerlo utilizando contenedores y separadores.

Los contenedores transparentes son mejores porque puede ver su contenido. Elija los que cuentan con un cajón deslizable en lugar de una tapa, de tal modo que no tenga que cargar los contenedores para llegar al que necesita.

Rotule sus contenedores y cajas. Al hacerlo coloque una lista de su contenido sobre cada costado, de tal modo que pueda saber lo que contienen.

Los separadores mantienen los artículos divididos y seguros. Las charolas divisoras se pueden colocar en los cajones de un escritorio para organizar los artículos de oficina. Los separadores en los contenedores de almacenamiento pueden proteger artículos como los adornos de Navidad.

Busque un refugio para sus cosas

Revise todas sus pertenencias. Abra un cajón y observe su contenido. Pregúntese usted mismo:

*   ¿Qué tan a menudo utilizo este artículo?
*   ¿Dónde lo utilizo más?
*   ¿Existe una mejor ubicación para este artículo?
*   ¿Existen artículos similares que pueda guardar junto con éste?

Reúna los artículos similares que se utilizan en el mismo lugar. Colóquelos dentro de una caja y llévelos al lugar donde más los usa. Deshágase de los artículos que no utilizó el año pasado. Revise un cajón o gabinete a la vez. Recuerde tomar recesos, especialmente si comienza a sentirse frustrado.

SIGA DE CERCA LOS ARTÍCULOS "ENGAÑOSOS"

Estas son algunas maneras prácticas de conservar los artículos que son especialmente fáciles de perder:

Asegure sus llaves

Las llaves pueden ser su peor pesadilla. Coloque un perchero para llaves o un canasto a la entrada de su casa. Colóquelas ahí tan pronto como entre por la puerta. Asegúrese de que las llaves se encuentren lejos del alcance de niños pequeños y de las mascotas. Ahora puede usted encontrar en el mercado llaveros que emiten un sonido. Al aplaudir, sus llaves responden con un sonido de frecuencia. Al salir llévelas en una muñequera o atadas a un cordón. Tal vez no sea el accesorio de última moda, pero podrá encontrar sus llaves.

También existe la alternativa de colocar cerraduras que no utilizan llaves. Coloca usted un codificador sobre una puerta y registra un código para abrirla. Podrá encontrar este tipo de cerraduras en las tiendas departamentales para el hogar.

Solicite que le hagan dos copias de sus llaves

Si cuenta con dos juegos de llaves, aumentará sus probabilidades de entrar a su casa sano y salvo. Lleve consigo un juego de llaves en la cartera y entréguele otro a un amigo. No deje llaves sueltas debajo del tapete de la entrada. Este es uno de los primeros sitios donde los ladrones buscan.

Personalice sus llaves

En vez de poner su nombre y domicilio en sus llaves, solicite que le asignen un código y adhiéralo a su llavero junto con la información de contacto de la compañía que le asignó dicho código. La persona que encuentre sus llaves podrá ponerse en contacto con la compañía y transmitirles el código. La compañía, entonces, le llama a usted. Asimismo, puede utilizar estas etiquetas de identificación en su celular o cámara. Para mayor información, consulte la lista de fuentes al final de este capítulo.

¿Dónde están sus anteojos?

Si utiliza usted sus anteojos principalmente para conducir, adquiera un clip que se ajuste a su visor. Mantenga sus lentes oscuros en el auto. Asimismo, consiga un cordón para sus lentes oscuros. Si necesita quitarse sus lentes, éstos permanecerán a su lado.

Resultará difícil encontrar sus anteojos si no puede verlos. Consiga una charola para sus anteojos y manténgala cerca de su cama. Colóquelos ahí cada noche. Adquiera un estuche de color llamativo para sus anteojos así será fácil localizarlos.

Use un seguro en su celular

Tal vez haya usted notado que sus teléfonos celulares "desaparecen" o se dañan más que los de otras personas. Un teléfono celular y una persona que padece TDA no siempre hacen una buena mancuerna. Este es un pequeño dispositivo al que quizás tenga que aferrarse por mucho tiempo. No es fácil, ¿verdad?

Mantenga siempre su teléfono celular en el mismo compartimiento de su bolso. Muchos ya cuentan con compartimientos especialmente para los teléfonos celulares. Adquiera un estuche de celular que cuente con un clip que pueda sujetarse al compartimiento en su bolso. De esa manera, si su bolso se cae, su celular no se saldrá. Puede también utilizar un clip para cinturón en caso de que no cargue usted un bolso. Mantenga siempre el cargador de su teléfono en el mismo lugar visible dentro de su casa. No deje el cargador sobre el piso pues es muy fácil que lo pise si éste obstruye su camino.

Proteja sus tarjetas de crédito

Saque una copia de todas sus tarjetas de crédito. Asegúrese de que los números de atención al cliente sean legibles. Cuando utilice su tarjeta de crédito, no la pierda de vista en ningún momento. Mantenga su billetera abierta todo el tiempo en sus manos. Pida al cajero le devuelva su tarjeta tan pronto como la haya registrado. Si ha perdido sus tarjetas de crédito, llame de inmediato a los bancos.

Vigile sus joyas

Perder sus joyas puede resultar doloroso y costoso. Cuando se quite sus joyas por la noche, colóquelas en un pequeño estuche sobre su buró. También puede utilizar un organizador para joyería colgante. Éstos evitan que se enreden y le permiten visualizar de una sola vez toda su joyería.

Mantenga sus calcetines en par

Si cuenta usted con un Triángulo de las Bermudas para calcetines en su casa, entonces todavía existe una esperanza. Los *sock locks* son pequeños discos de goma que mantienen en par sus calcetines cuando no los está usted usando. Éstos pueden utilizarse tanto en la lavadora como en la secadora. La información acerca de estos discos la puede encontrar usted al final de este capítulo.

Si se encuentra con algunos calcetines sin par, consérvelos dentro de una bolsa en el cajón de calcetines. La próxima vez que encuentre otro calcetín solitario, busque su par en la bolsa.

Cuide a sus guantes de invierno

Adquiera varios pares del mismo guante. Si pierde alguno de ellos, tendrá un repuesto a la mano. Si se quita los guantes al salir, sujételos a los bolsillos interiores de su chamarra. Al llegar a casa, coloque sus guantes y sombrero dentro de un canasto junto a la puerta. Para evitar que los niños pierdan los guantes, utilice los sujetadores de guantes para fijarlos a una de las mangas de la chamarra. Mantenga en su clóset una zapatera colgante sobre la puerta y guarde ahí sus guantes y sombreros.

Haga las paces con su auto

Mantenga en la guantera del auto los papeles de registro y una copia de los documentos del seguro. Si desea mantener actualizada la información acerca del número de kilómetros recorridos, conserve una pequeña libreta en el compartimiento para guantes. Asimismo, mantenga en su auto unos cables pasacorriente, un estuche de primeros auxilios y una linterna con baterías de repuesto.

A las personas que padecen TDA les puede parecer difícil recordar dónde se estacionaron. Para hacerle más fácil encontrar su auto en un estacionamiento, ate un cordón de color llamativo a la antena. Anote el sitio donde se estacionó. Antes de salir del estacionamiento, revise el toldo, la capota y la cajuela para asegurarse de que no ha dejado nada encima.

Evite contratiempos con su equipaje

Viajar y acostumbrarse a un nuevo entorno resulta muy estresante para una persona que padece TDA. Evite la tensión adicional de perder su equipaje. Adquiera un equipaje de color o forma inusuales. Adhiera una calcomanía de color brillante o sujete una etiqueta de identificación a su bolso. Asimismo, coloque la información de contacto por fuera y dentro de su equipaje. Si su bolsa es poco común, será más fácil ubicarla en el carrusel para equipaje y menos probable que otro pasajero tome su bolso por equivocación. Si su bolso no aparece en el carrusel para equipaje, informe de inmediato al personal de la aerolínea. Empaque sus artículos de tocador, sus medicamentos, una muda de ropa y los documentos importantes en su bolso de mano. Asimismo, lleve consigo cualquier artículo de valor, como una laptop o joyería. Si llegase a perder su equipaje, al menos se sentirá más relajado sabiendo que conserva algunos de sus artículos importantes. Mantenga siempre las llaves de su auto en su bolso de a bordo.

ESTABLEZCA CIERTOS RITUALES

Repasar la misma rutina cada día puede ayudarle a ahorrar tiempo y evitar perder cosas.

Prepárese para el siguiente día

Mantenga una pequeña charola en su recámara. Al final del día, coloque sobre la charola su cartera, sujetadinero, teléfono celular y cualquier otro artículo que lleve consigo. Salir de casa por la mañana resulta más fácil cuando tiene todos los artículos necesarios en un solo lugar.

Dedique quince minutos cada noche para levantar y guardar cosas antes de irse a dormir. Quince minutos pueden no parecer mucho tiempo, sin embargo, el efecto es enorme. Asimismo, prepare la ropa que usará el día siguiente. Reponga cualquier botón faltante. Si prepara la noche anterior la ropa que usará al día siguiente, evitará carreras de última hora para encontrar sus zapatos o sus mancuernillas. Esto es especialmente útil para los noctámbulos a quienes se les dificulta pensar claramente por las mañanas.

Antes de salir revise si lleva los objetos importantes

Al salir de casa, deténgase antes de cerrar la puerta y revise si lleva consigo su cartera, llaves, organizador y teléfono celular. Haga una lista de estos artículos esenciales. Hágala enmicar para que dure más y adhiérala a la puerta de entrada. Asimismo lleve consigo una lista enmicada de estos artículos del tamaño de su bolsillo. Establezca el ritual de revisar su lista antes de salir hacia el trabajo o hacia cualquier otro sitio.

SIGA DE CERCA A SUS HIJOS

Perder sus guantes o su teléfono celular resulta molesto, pero perder a su hijo es terrible y peligroso. Es fácil que pierda a sus hijos en un lugar muy concurrido, especialmente si padecen TDA y son distraídos y propensos a divagar. Si va a acudir a un lugar concurrido, vista a su hijo con colores llamativos, de tal modo que sea fácil de localizar.

Si pierde a su hijo en un pequeño mall o tienda, el tiempo es primordial. Informe de inmediato al personal. Muchas tiendas tienen la consigna de cerrar las puertas de inmediato en cuanto un niño se extravía. Si la tienda no tiene esta consigna, exija que envíen personal de seguridad a cada una de las puertas. Lleve consigo una foto reciente de su hijo que contenga la información sobre su peso, altura y rasgos característicos tales como cicatrices y marcas de nacimiento.

Diga el nombre de su hijo en voz alta mientras lo busca. Mientras más gente sepa que su hijo está extraviado, más rápido podrá encontrarlo. Enséñele a su hijo a acudir al área de servicio al cliente o a decirle a un empleado que se ha extraviado. Piense a dónde es más probable que su hijo haya ido. ¿Le gusta una tienda en especial? ¿Le estaba pidiendo ir a algún lado?

Si su hijo suele escapar, utilice un cordón que una la muñeca de él con la de usted. Asimismo puede adquirir un arnés para su hijo. Tal vez las personas se le queden mirando, pero siempre es mejor que perder a su hijo.

La tecnología del Sistema Global de Ubicación, GPS (*Global Positioning System*) le permite determinar la ubicación exacta de una persona en el mundo. El sistema GPS se encuentra ahora disponible también para los niños. Si su hijo lleva puesto el reloj, usted podrá saber exactamente dónde se ubica. Asimismo, el reloj cuenta con un botón de "pánico" de tal modo que pueda hacer contacto inmediato con el 911 o con usted. La información sobre cómo solicitar los relojes GPS la puede usted encontrar al final de este capítulo.

EVITE EXTRAVIAR UNA MASCOTA

Asegúrese de que su mascota porte una etiqueta con su actual información de contacto. Anote en la etiqueta su e-mail, número telefónico y domicilio. También deberá portar la información sobre su vacuna contra la rabia. Las mascotas que se extravían y que no cuentan con una etiqueta de vacunación contra la rabia pueden ser aisladas, retrasando así su regreso.

En el mercado podrá usted encontrar microchips de identificación para mascotas. Son de aproximadamente el tamaño de un grano de arroz y contienen toda su información de contacto. Éstos son inyectados indoloramente debajo de la piel de su mascota por un médico veterinario. Muchos consultorios veterinarios y centros de control animal cuentan con escáneres que pueden leer un microchip. Ellos pueden ponerse en contacto con usted siguiendo la información contenida en el microchip. Incluso aunque su mascota cuente con un uno, coloque en su collar una etiqueta con la información actual. Consulte con su veterinario o centro de control animal sobre cómo obtener un microchip. Cuando salga a pasear a su perro, utilice una correa estándar en vez de una retráctil, pues éstas son más difíciles de sostener y podrían romperse si su perro corre. En caso de extraviar a su mascota, hágaselo saber al mayor número de personas. Elabore un panfleto con una foto reciente e incluya el nombre, edad, raza y tamaño de su mascota. Si agrega una foto de su mascota en compañía de un niño, aumentará las probabilidades de que le sea devuelta. Haga una lista con los números telefónicos de su casa, oficina y celular así como su dirección de correo electrónico para que la gente tenga mayores posibilidades de contactarlo. Visite diariamente el centro de control animal de su localidad para ver si su mascota ha sido devuelta. Lo más importante, haga esterilizar a su mascota, pues esto reduce su deseo de escapar en busca del amor.

QUÉ HACER EN CASO DE EXTRAVIAR ALGO

Si usted padece TDA, puede sentirse agobiado rápidamente. Entonces puede bloquearse y no ser capaz de pensar. Éstas son algunas maneras de lograr que las cosas se le faciliten en caso de extraviar algo:

Mantenga el hecho bajo una perspectiva. También las personas que no padecen TDA extravían cosas. Sólo que usted lo hace con mayor frecuencia. Dentro del esquema vital, perder algo no es tan importante como perder la salud o la vida.

Repítase a sí mismo una frase. Repítase a sí mismo "lo encontraré" una y otra vez. El pensamiento positivo recorre un largo trecho. Algunas personas rezan una oración a San Antonio, el santo patrono de las cosas perdidas. Pedir ayuda a San Antonio les ha funcionado tanto a católicos como a no católicos.

Desande sus pasos. ¿Dónde estuvo durante el día? Regrese a esos lugares o, si visitó a alguien, llámele y describa detalladamente el artículo que extravió.

Debe saber cuándo tomar un descanso. Si comienza a sentirse frustrado, es probable que no encuentre lo que está buscando. Siéntese y descanse. Descansar le puede ayudar a pensar en nuevos sitios dónde buscar.

Ejercicio: ¿Qué artículo extravía con mayor frecuencia?

Este es un ejercicio para saber por qué extravía un artículo en particular y aprender las estrategias para evitar que lo vuelva a perder.

- Primero, trate de recordar cómo es que extravía este artículo:
- ¿Se sale de su bolso?
- ¿Lo coloca sobre el piso y accidentalmente lo deja ahí?
- ¿Lo coloca en un lugar especial de su casa y después olvida dónde lo dejó?

Una vez que sabe cómo es que extravía este artículo, podrá entonces idear la manera de evitar que esto ocurra nuevamente. Piense en algún producto que pueda adquirir, o en cambios que pueda hacer en su rutina o en su conducta y que puedan ayudarle a seguir en posesión de este artículo.

Si extravía usted los artículos al caer de su bolso, tal vez necesite comprar un bolso que contenga bolsillos con cierre o un llavero. Si coloca los artículos sobre el piso y después los deja ahí, tal vez necesite revisar que lleva consigo todas sus pertenencias antes de salir. Si coloca los artículos en un lugar especial y después olvida dónde los puso, podría elaborar un "acordeón" en donde se enumere la ubicación de cada artículo.

Al realizar este ejercicio, estará señalando exactamente lo que necesita cambiar y haciendo un plan concreto. Si se le dificulta sacar algunas ideas, repase este capítulo o pida consejo a un amigo que sea organizado.

En este capítulo, ha aprendido las técnicas para evitar extraviar cosas. En el siguiente aprenderá a evitar otro tipo de pérdida, la pérdida del tiempo.

Fuentes

Codetag (etiquetas de identificación para llaves)
www.codetag.com
(800) 939-8247

Sock Locks
www.sock-locks.com

Wherify Wireless (relojes con sistema de rastreo GPS
para niños)
(877) WHERIFY
www.wherifywireless.com

5. ADMINISTRE SU TIEMPO

La administración del tiempo puede resultar difícil para las personas que padecen TDA. En el capítulo 1, leyó usted sobre las funciones ejecutorias de los lóbulos frontales del cerebro, los cuales se encuentran deteriorados en las personas que padecen TDA. Una de estas funciones ejecutorias es la habilidad para administrar el tiempo. Si usted padece TDA, tal vez se haya dado cuenta de que:

- Elabora listas que extravía o que nunca utiliza.
- Anota citas y números telefónicos en hojitas adheribles que luego pierde.
- Llega tarde a las citas porque no se concedió el tiempo suficiente para llegar.
- Olvida las citas.
- Tiene constantes interrupciones que le dificultan volverse a concentrar.

Estos problemas pueden enloquecerlo y hacer su vida más complicada.

La mayoría de los libros sobre la administración del tiempo le ofrecen sugerencias que consumen su tiempo, abundan en detalles y son difíciles de seguir.

En este capítulo, aprenderá estrategias realistas para administrar el tiempo. Aprenderá algo sobre los planificadores, las listas maestras, el uso eficaz del teléfono y del e-mail y la importancia de delegar tareas. Asimismo, aprenderá cómo elegir el mejor momento posible para realizar una tarea y cómo facilitar las transiciones.

UTILICE UN PLANIFICADOR

Un planificador es primordial para una persona que padece TDA. Un planificador hace las veces de su "cerebro externo". Puede utilizarlo para anotar citas, información de contacto, cumpleaños e, incluso, ideas. Mientras más cosas anote menos tendrá que recordar. Puede utilizar un planificador de papel o digital.

PLANIFICADORES DE PAPEL

Ventajas	Desventajas
Existen planificadores de diferentes precios.	Debe fotocopiar el planificador con regularidad en caso de que lo extravíe.
Le permiten visualizar un día o un mes completo a la vez.	Si extravía su planificador y no lo fotocopió, habrá perdido toda su información.
No resulta costoso reemplazarlos.	Los borrones y las correcciones pueden verse mal.

PLANIFICADORES DIGITALES

Ventajas
Puede concentrarse en
un día a la vez.
Puede borrar la información
que no necesita.
Puede bajar información
a una computadora.

Desventajas
Tendrá que aprender
a utilizarlo.
Suelen ser costosos.

Necesitan recargarse.

Algunos planificadores digitales cuentan con un calendario, teléfono y conexión a Internet. La ventaja es que sólo tendrá que recordar y cargar un solo dispositivo. La desventaja es que, si lo pierde, habrá perdido su calendario, su teléfono y su acceso a Internet, todo en el mismo instante.

Haga una copia

Si tiene usted un planificador de papel, fotocópielo con frecuencia. Mantenga esta copia en un lugar lejos de su original. Si tiene un planificador digital, asegúrese de respaldarlo en su computadora con frecuencia.

UTILICE UNA LISTA MAESTRA

El simple hecho de escribir las cosas le puede ayudar a recordarlas. Al pensar en las cosas que debe hacer, anótelas en una libreta o en un área específica de su planificador. Esta será su lista maestra: una ubicación para todas sus tareas por hacer. Utilice su lista maestra para combinar los quehaceres y ahorrar tiempo. Si debe llevar la ropa a la tintorería al otro lado de la ciudad, revise su lista maestra para ver si tiene algo más qué hacer por esa misma ubicación.

FIJE TIEMPOS LÍMITE

El fijar tiempos límite para los proyectos es muy importante para una persona que padece TDA. Si pone usted una "meta", habrá mayores probabilidades de llegar a ella. Si tiene un proyecto más grande, divídalo y fije varios tiempos límite. Felicítese cada vez que cumpla con estos plazos establecidos.

EVITE PLANIFICAR CON EXCESO

Algunas veces, contar con demasiado tiempo sin planificar lo puede hacer sentir desmotivado. Como una persona que padece TDA, usted puede sentir que realiza más cosas cuando tiene un itinerario lleno. Sin embargo, un itinerario repleto también puede abrumarlo. Recuerde que no puede estar en dos sitios al mismo tiempo.

Una de las razones por las que puede tener demasiadas tareas en su itinerario es que resulta difícil decir no. Puede ser muy difícil decepcionar a las personas cuando le han pedido hacer algo. ¿Acaso adquiere demasiados compromisos? Es bueno sentirse necesitado, sin embargo, por su salud mental y física, es esencial reducir la tensión. No necesita entrar en detalles ni dar excusas. Simplemente diga: "lo siento, no puedo hacerlo" o "lo siento, eso no me funciona".

DELEGUE TAREAS

Enfrentémoslo: muy pocos de nosotros sentimos que estamos en esta tierra para lavar la ropa y los platos. Aprender a delegar significa pedirle ayuda a otra persona. Hacerlo no es un signo de debilidad. Es señal de que es lo suficientemente inteligente para saber que en cierta labor no obtiene el mejor provecho de sus habilidades y de su tiempo. Tal vez dude en delegar alguna tarea porque siente que nadie será capaz de hacerla tan bien como usted. Sin embargo, otros pueden también concentrarse en hacer un buen trabajo. Tal vez dude, incluso, en pagarle a alguien para que realice una tarea. Contratar a alguien puede costarle dinero, sin embargo, le ahorrará tiempo y molestias a la larga.

Pida ayuda a su familia

Los niños (incluso si padecen TDA) pueden ayudar con los quehaceres de la casa. No espere que un niño que padece TDA realice algunos quehaceres sin supervisión. Los niños más pequeños que padecen TDA pueden realizar tareas con usted, y los niños mayores necesitarán que esté usted en la misma habitación mientras trabajan en sus labores. Estas son algunas sugerencias para ayudarle a que sus hijos aprendan a hacer las tareas:

- Enseñe a su hijo una actividad a la vez. Explíquele cada paso de la tarea.
- Sea positivo y paciente. El elogio es mucho más efectivo que la crítica.
- Utilice un pizarrón de tareas o un sistema de recompensas para mantener a su hijo motivado. Sin embargo, la novedad de un pizarrón o un sistema de recompensas puede pasar pronto para los niños que padecen TDA. Prémielos inmediatamente después de que hayan completado una tarea y cambie las recompensas con frecuencia.

UTILICE ALARMAS

Un reloj de pulso o un planificador digital con alarma puede ayudarle a seguir el itinerario del día. Una alarma le ayuda a controlar su concentración y su productividad. Cuando la alarma se active, pregúntese: "¿Qué estoy haciendo? ¿Es esto lo que debería estar haciendo? Tan sólo el estar alerta de su conducta puede crear cambios. Puede programar una alarma que le recuerde tomar su medicamento o acudir a una cita. Programe la alarma de su reloj para acordarse de que tiene algo dentro del horno. Si sale de la cocina, la alarma la seguirá a donde vaya. Las personas que padecen TDA suelen ser absorbidas por la televisión o la computadora. Se dicen a sí mismas que sólo verán ese programa o que visitarán solamente ese sitio en Internet y, antes de que se den cuenta, ya han estado sentadas ahí durante horas. Antes de sentarse a ver la televisión o de entrar a Internet, programe una alarma. Cuando la alarma suene, apague la televisión o desconéctese de Internet y salga de la habitación.

DÉSE USTED MISMO UNA VENTAJA

Una parte importante de ser puntual, es darse cuenta de que el llegar a un lugar puede tomarle más tiempo del que esperaba. Tal vez lo retrasen en alguna fila o se quede varado en el tráfico. Programe algún tiempo extra para reducir su nivel de estrés y ayudarse a llegar con puntualidad.

EL TELÉFONO ES UN OBJETO ÚTIL

Las interrupciones como las del timbre de un teléfono son mucho más sorpresivas y molestas para las personas que padecen TDA. Tal vez sienta que debe contestar el teléfono cada vez que suena. El teléfono está ahí para su beneficio y para nada más. Apague el timbre antes de comenzar una actividad. Adquiera una máquina contestadora o suscríbase al servicio de mensajes de voz de su compañía telefónica. Algunas máquinas contestadoras y servicios de mensajes de voz le permiten tener más de un buzón de correo para guardar los mensajes. Usted cuenta con un buzón, su cónyuge otro y sus hijos otros. De esta manera, no tiene que escuchar y comunicar los recados de otros y habrá una menor probabilidad de que se le olvide el mensaje de alguien más.

Termine con las llamadas indeseables

Es un desperdicio de su tiempo y energía el que los servicios de telemarketing persistan en llamar a su casa. El Registro Nacional para No Recibir Llamadas le permite eliminar su nombre de las listas de llamadas de las compañías de telemarketing. No existe ninguna cuota por registrarse. Evite a las empresas privadas que le aseguran registrar su número por una cuota. Las compañías de telemarketing habrán dejado de llamarle treinta y un días después de haber registrado su número. Este registro no detiene a todas las empresas de telemarketing. Los partidos políticos, las instituciones de caridad, los encuestadores y las compañías con las cuales tiene usted una relación comercial son las excepciones. La información de contacto para el Registro Nacional para No Recibir Llamadas la puede encontrar al final de este capítulo.

Utilice una diadema

Cuando equilibra el teléfono sobre su hombro mientras realiza otra tarea, suceden dos cosas. Primero, está ejerciendo demasiada presión sobe su cuello y, segundo, no está realizando la tarea de manera apropiada. Una diadema le permite hablar por teléfono con las manos libres. De esa manera, se concentrará más en su tarea que en el dolor de su cuello, puede concentrarse en el dolor de cuello de la persona al otro lado de la línea.

Llame a las compañías en los horarios óptimos

A fin de recibir un servicio al cliente más efectivo y ágil, llame a las compañías durante sus horarios no pico, cuando hay pocas llamadas de los clientes. Es mejor llamar a mitad de la semana durante el mediodía. Durante el mediodía, los empleados ya se han ajustado a su día laboral y las prisas del trabajo matinal habrán pasado.

Haga una lista de las cosas que dirá

Las llamadas telefónicas serán más cortas y efectivas si elabora una lista de las cosas que le dirá a la persona. Si es posible, posponga la llamada hasta que haya completado la lista. Sin esta lista, será fácil que se distraiga y que olvide las cuestiones importantes. Una lista le ayudará a pensar con más claridad y la otra persona le agradecerá por hacer la llamada breve y concisa.

UTILICE EL E-MAIL DE MANERA PRODUCTIVA

El e-mail puede ser una forma productiva y eficiente de comunicarse o puede convertirse en una pesadilla de mensajes recibidos y de tiempo perdido. Estas son algunas maneras en las que puede utilizar el e-mail a su favor:

- Escriba los mensajes tan cortos, que su destinatario pueda verlo en una sola pantalla.
- Si no requiere que alguien conteste su mensaje, indíquelo.
- Mantenga las preguntas en un formato de "sí o no".
- Si recibe un mensaje en el que hacen preguntas detalladas, escriba sus respuestas con un color distinto al de las preguntas.
- Una vez que haya terminado de escribir un

e-mail, éste puede ser reenviado por el destinatario a otra persona sin su permiso. Antes de enviar un mensaje, pregúntese si le importaría que otra persona lo lea.

- Si desea asegurarse de que otra persona haya recibido su e-mail, revise su programa de mensajería y elija la opción "avisar cuando el destinatario haya leído el mensaje". Esta opción le permite recibir un e-mail automáticamente cuando el destinatario haya abierto su mensaje.
- No se suscriba a los mensajes masivos que no lee. Por lo general, existe siempre un vínculo de "cancelación" al final del e-mail.
- Programe un tiempo para contestar su correo. Impóngase un límite de tiempo para usar su e-mail.
- Si recibe un archivo adjunto que no esperaba recibir, no lo abra.
- Envíese un e-mail para recordarse a sí mismo, sobre alguna información importante para el día siguiente.
- Envíese documentos importantes en caso de que su computadora se descomponga o si utiliza más de una computadora.

CONOZCA SU TIEMPO MÁS PRODUCTIVO

Algunas personas son mañaneras mientras que otras son noctámbulas. Su reloj biológico está determinado por los genes y las hormonas. A fin de poder determinar sus horas más productivas del día, revise su itinerario de trabajo. ¿Cuándo se siente más alerta? ¿Cuándo se siente cansado? Programe sus tareas más demandantes para las horas del día en las que sea más productivo. Durante las horas en las que tiene menos energía, programe las tareas que requieran de menor esfuerzo mental.

ADQUIERA ANTICIPADAMENTE LAS TARJETAS DE FELICITACIÓN

Compre muchas tarjetas de cumpleaños, aniversario, felicitación y agradecimiento a la vez y consérvelas en un archivero. Siempre que necesite una tarjeta, sáquela del archivero. Esto le ahorrará tiempo y energía y lo hará verse como alguien detallista.

EVITE EL PERFECCIONISMO

Algunas veces, las personas que padecen TDA pueden verse atrapadas por el deseo de compensar sus dificultades para concentrarse y concluir algo, por lo cual es fácil que arriben a la zona del perfeccionismo. Esto les hace sentir que deben hacer todo perfectamente. Tal vez recuerde las veces en que fue usted castigado por un descuido. Recuerde que las personas que no padecen TDA tampocono son perfectas. Dése un respiro y relájese. Debe fijarse metas desafiantes pero realistas.

PROGRAME UN TIEMPO DE TRANSICIÓN

Si padece TDA, puede resultar difícil transitar de una cosa a otra. Tal vez se le dificulte pasar del momento de despertar al momento de salir por la puerta para ir a trabajar. Tal vez se le dificulte pasar del momento de prepararse para dormir al momento de quedarse dormido. Tal vez se le dificulten los momentos de transición en el sitio de trabajo.

Para facilitar el paso entre el momento de despertar y el momento de salir a trabajar, prepare su ropa desde la noche anterior. Compre una cafetera que pueda programar para que se encienda automáticamente por las mañanas. Tal vez quiera levantarse media hora antes sólo para tener mayor tiempo para alistarse. Para facilitar más el momento de irse a dormir, ponga música relajante desde el momento en que comience a prepararse para dormir hasta el momento en que se quede dormido. Asimismo, practique una actividad relajante antes de irse a la cama. Para más información acerca de las actividades de relajación, vea el capítulo 7.

Cuando llegue a su trabajo, cierre la puerta de su oficina y pase la primera media hora de su jornada revisando su itinerario para ese día, regresando sus llamadas menos estresantes y haciendo una lista de las personas con las que necesita hablar. Cuando llegue a casa después del trabajo, concédase quince minutos para dejar su portafolio y ponerse una ropa más cómoda. Otro momento de transición importante es el regreso al trabajo después de unas vacaciones. Estas son algunas sugerencias:

- Planee un tiempo de reposo los lunes por la mañana. No programe ninguna cita. Tómese tiempo para revisar las tareas que le fueron asignadas mientras estuvo fuera.

- Antes de volver al trabajo, pida a un compañero que organice sus mensajes telefónicos y los memorándum en distintas pilas.

- Si viaja en avión una larga distancia para asistir a una reunión de negocios de un solo día, será mejor que llegue un día antes. Esto le permitirá concentrarse y prepararse para su reunión. Asimismo, puede pasar algunas horas recorriendo la ciudad y no se sentirá tan cansado cuando regrese.

Sólo hágalo

Desistir es algo muy común entre las personas que padecen TDA. Lo que usted desea es hacer cosas divertidas y emocionantes, no aburridas ni detalladas. Sin embargo, algunas veces las cosas aburridas y detalladas tienen que hacerse. Siempre es mejor hacer primero aquello que resulta aburrido. Si realmente desea desistir de algo, pregúntese a sí mismo: "si no hago esto ahora, ¿cuándo lo haré?" Por lo general, el mejor momento es ahora.

Ejercicio: Elabore un calendario semanal

Si las personas que padecen TDA carecen de una estructura o una programación de su día, se pueden llegar a sentir improductivas y frustradas. Cuando las personas que padecen TDA saben qué esperar, están más concentradas y son más productivas. Un horario estructurado no quiere decir un horario rígido. Si su pareja le pide que salgan a cenar a mitad de la semana, no diga: "lo siento, no está en mi itinerario". Simplemente hágalo.

Elabore un itinerario semanal. Si es hábil con la computadora, puede utilizar una hoja de cálculo.

1. Anote los días de la semana.
2. Registre la hora a la que se levanta y la hora en que se va a dormir cada día.
3. Apunte las horas intermedias en incrementos de media hora. Por ejemplo, si usted se levanta a las 7 de la mañana y se va a dormir a las 10 de la noche, sus incrementos serán a las 7:30, 8:00, 8:30, 9:00 y así sucesivamente.

4. Por cada media hora, anote lo que planea hacer durante ese tiempo. Asegúrese de llenar cada lapso de media hora. Recuerde incluir el tiempo que le toma:

- Desplazarse de un lugar a otro.
- Desayunar, almorzar y cenar.
- Pasar un tiempo libre.
- Estudiar.
- Trabajar.
- Socializar.

Cuando se padece TDA, es fácil enfocarse excesivamente en una sola área y descuidar otra. Asegúrese de equilibrar el tiempo que pasa en el trabajo, en sus actividades sociales y en sus actividades familiares. Es importante incluir tiempo para relajarse y revitalizarse. Puede relajarse leyendo un libro o saliendo con los amigos.

Al crear un itinerario semanal, tendrá usted una guía estructurada para su semana. Si utiliza un planificador semanal, imprima su itinerario, hágale unos orificios y colóquelo en su planificador. Algunos planificadores digitales le permiten descargar su itinerario desde su computadora.

Una persona que padece TDA sí puede administrar su tiempo. Tal vez le tome algún tiempo adaptarse a las nuevas conductas para el manejo de su tiempo; sin embargo, la reducción en su nivel de estrés y la respuesta positiva por parte de la familia y de los amigos valdrán su esfuerzo. En el siguiente capítulo aprenderá algunas técnicas para la administración del dinero, que son de fácil manejo para quienes padecen TDA.

Fuentes

Hindle, T. 1998. *Manage Your Time*. Nueva York: DK Publishing, Inc.

Morgenstern, J. 2004. *Time Management from the Inside Out: The Foolproof System por Taking Control of Your Schedule –and Your Life*. Segunda edición. Nueva York: Owl Books.

Registro Nacional para No Recibir Llamadas
www.donotcall.gov
(888) 382-1222

Servicio telefónico preferencial
P.O. Box 1559, Carmel, NY 10512
www.dmaconsumers.org/offtelephonelist.html

6. HAGA QUE SU DINERO TRABAJE PARA USTED

Las personas que padecen TDA poseen una peculiar forma de ceguera financiera de largo plazo. Por lo general no pueden visualizar el futuro y darse cuenta de que, a la larga, se jubilarán. La planeación financiera no les resulta algo fácil a las personas que padecen TDA y las recomendaciones comunes incluyen un trabajo detallado y aburrido como lo es la planeación de un presupuesto. Si bien las personas que padecen TDA son capaces de determinar un presupuesto, se les dificulta mucho seguirlo. Para poder lograr un éxito financiero, las personas con TDA podrían tener necesidad de apoyarse en métodos poco tradicionales para la administración financiera.

Tal vez experimenta usted algunos de los siguientes problemas relacionados con sus finanzas:

- Cobros por mora porque olvidó pagar sus cuentas.
- Cheques devueltos.
- Dificultad para ahorrar.
- Una chequera sin saldo.
- Compulsión a comprar.
- Deudas en las tarjetas de crédito.
- Aplazar el pago de impuestos.
- Extravío de documentos financieros importantes.

LA JUNGLA DE LA COMPRA DE VÍVERES

De acuerdo con un estudio realizado por Kaufman-Scarborough y Cohen (2004), el 92 por ciento de personas con TDA mostró compulsión por las compras y casi el 62 por ciento por lo general salía de la tienda sin adquirir los artículos necesarios. Para la persona que padece TDA, un viaje al supermercado puede parecer una aventura en la jungla. Olvida sus cupones, hay demasiados artículos de dónde elegir y el ruido suele ser irritante. Éstas son algunas sugerencias para superar la jungla de la compra de víveres.

Olvide los cupones

Tal vez haya escuchado que los cupones son una excelente manera de ahorrar dinero. Sin embargo, a las personas que padecen TDA, el recortar los cupones les cuesta más tiempo, dinero y energía de lo que vale la pena.

No vaya al supermercado si tiene hambre

Existe una mayor probabilidad de que adquiera artículos de manera compulsiva, si acude al supermercado con el estómago vacío. Lleve siempre algunos bocadillos en su automóvil en caso de que necesite comer algo antes de hacer las compras.

Siempre vaya a la tienda con una lista

Haga una lista de los artículos que generalmente compra en el supermercado. Haga fotocopiar esta lista y mantenga una copia adherida a su refrigerador. Cuando necesite un artículo, márquelo en la lista. Cuando su abastecimiento de comida esté disminuyendo, vaya al supermercado con su lista. Trate de comprar solamente lo que está anotado en la lista. Las personas que padecen TDA son creativas e inspiradas y podría usted ver algún artículo que llame su atención. Está bien probar algo nuevo (con moderación), pero no olvide comprar también el pan y la leche.

Busque las marcas de la tienda

Las tiendas exhiben las marcas más costosas al nivel de los ojos. Busque hacia abajo los artículos de menor precio y que tienen la marca de la tienda. Por lo general, la calidad es tan buena como la de los productos costosos e incluso pueden estar manufacturados en la misma planta. Asimismo, observe que los artículos que son colocados al final de los pasillos no siempre están a la venta.

Revise su carrito

Antes de entrar a la zona de cajas, revise los artículos que están en su carrito. Decida cuáles son los que realmente necesita y cuáles eligió por compulsión. Regrese cualquier artículo que haya tomado impulsivamente y que realmente no desea. Asegúrese de haber adquirido todo lo que anotó en su lista.

SEA UN CONSUMIDOR INTELIGENTE

Con todo y que los víveres suelen incrementar la cuenta, es importante tener mayor cuidado cuando hace compras voluminosas.

Realice una búsqueda antes de comprar

Investigue sobre la calidad de un artículo leyendo revistas al consumidor o sitios web. Algunas veces, la marca más económica es tan buena —si no es que mejor— como la marca costosa. En ocasiones, al investigar se encuentra con que la marca más costosa es la mejor. Puede usted encontrar una lista de las publicaciones al consumidor y sitios web al final de este capítulo.

Determine el costo de acuerdo con el uso

Evalúe el costo de un artículo por sus condiciones de uso. Tal vez, a la larga, valga la pena adquirir un producto más costoso. Por ejemplo, supongamos que está usted comprando una nueva impresora y usted calcula que imprime 1,000 páginas al año. Si una impresora cuesta $100 dólares y utiliza cartuchos de tinta que cuestan $20 dólares y rinden para 250 páginas aproximadamente, cada una de las páginas que imprima el primer año le costarían 18 centavos. Con el tiempo, en realidad le resultaría menos costoso adquirir una impresora más cara si ésta utiliza cartuchos más económicos o si éstos rinden aún más tiempo.

Revise su compra con alguien más

Impóngase la regla de que antes de adquirir un artículo que cuesta más de $100 dólares, acudirá a casa y lo consultará con un familiar o con un amigo. Esto le ayudará a mantener bajo control sus compras compulsivas.

EVITE LAS GARANTÍAS PROLONGADAS

Al adquirir un artículo, y en particular un artículo electrónico, tal vez le ofrezcan una garantía prolongada o un contrato de servicio. No lo compre. De acuerdo con algunos Reportes al Consumidor (2005), muchos artículos tienen mayor probabilidad de averiarse durante los primeros tres años.

Cuide sus pertenencias

Los artículos se pueden averiar, volverse inseguros y devaluarse si no les realiza un servicio de mantenimiento. Su auto es una de sus más valiosas pertenencias. Asegúrese de que tenga el mantenimiento adecuado o acabará pagando más por las reparaciones.

Invierta en un programa de administración de dinero

Un programa de administración de dinero, como Quicken o Microsoft Money le puede ayudar a:

* Llevar el balance de su chequera.
* Organizar sus inversiones y actualizar su diario valor.
* Recordarle la fecha de vencimiento de sus cuentas por pagar.
* Pagar sus cuentas por Internet.
* Elaborar gráficas de sus hábitos de gasto y ahorro.
* Imprimir una lista de sus gastos deducibles de impuestos.
* Presentar el pago de sus impuestos a través de su computadora.

Para que el programa descargue sus estados de cuenta bancarios o sus inversiones, es necesario que su banco o su agente de inversiones cuente con un servicio de banca en línea. Pregunte por este servicio.

Será más hábil en el manejo del programa si alguien le enseña a utilizarlo. El programa de administración de dinero elimina la monotonía y el tedio del manejo del dinero. Una vez que se acostumbre a utilizar el programa, será capaz de mantener más dinero en el banco. Ya no perderá dinero por cargos moratorios o cheques devueltos. Asimismo, sufrirá menos estrés, ya que la computadora le recordará pagar sus cuentas. Incluso se dará cuenta de que tiene más dinero del que creía tener, y terminará con más dinero del que haya imaginado.

BUSQUE UN BANCO O UNA COOPERATIVA DE CRÉDITO

Usted tiene el poder de elegir un banco o una cooperativa de crédito que se ajuste a sus necesidades al menor costo. Tal vez esté familiarizado con los bancos, mas no así con las cooperativas de crédito. Las cooperativas de crédito son instituciones no lucrativas y son propiedad de sus cuentahabientes. Tanto los bancos como las cooperativas de crédito están regulados por el gobierno federal. Al buscar un banco, haga las siguientes preguntas:

- ¿El banco realiza algún cargo si su cuenta permanece por debajo de cierta cantidad?
- ¿El banco efectúa cargos por emitir cierto número de cheques al mes?

103

- ¿El banco realiza algún cargo por utilizar los cajeros automáticos?
- ¿El banco ofrece tasas de interés competitivas?
- ¿El banco cuenta con servicios de banca en línea?

Asimismo, puede usted buscar en línea la mejor tasa de interés en los préstamos y tarjetas de crédito. Para más información, vea las fuentes al final de este capítulo. No compre cheques en su banco. Es mucho más barato comprar cheques a una imprenta. Elija cheques con copia al carbón. Una hoja al carbón colocada debajo de cada cheque, hará una copia de manera que usted sepa exactamente para quién elaboró un cheque y por cuánto. Los cheques con hojas al carbón son más costosos, sin embargo, valen el gasto. También puede imprimir cheques con su computadora si cuenta con un programa de administración de dinero.

SIMPLIFIQUE EL MANEJO DEL DINERO

La mejor manera de administrar su dinero es hacerlo lo más simple posible. Éstas son algunas sugerencias:

Contrate a alguien para que calcule sus impuestos

Los impuestos son algo tedioso y detallado, por lo que resulta especialmente desafiante para las personas que padecen TDA. Tal vez piense que no puede darse el lujo de contratar a alguien para que calcule sus impuestos. Sin embargo, le costará más si comete errores o si no envía sus impuestos a tiempo.

Utilice el depósito directo

Muchos negocios ahora depositan electrónicamente la nómina en las cuentas de sus empleados. Esto significa que ya no tendrá que hacer largas filas en el banco y algunos bancos incluso dispensan las cuotas si recibe usted depósitos directos. El depósito directo le ayuda a ahorrar dinero ya que no puede cambiar su cheque por efectivo y gastarlo todo. Consulte con su patrón para saber si su empresa forma parte del depósito directo.

Tenga un fondo de emergencia

Deposite una parte de su sueldo en una cuenta de ahorros cada mes. Hágase el propósito de tener un fondo de emergencia en su cuenta de ahorros igual al ingreso de dos meses. Este dinero le ofrecerá un "colchón" en caso de ocurrir una pérdida repentina del empleo o un deceso en la familia. Coloque su fondo de emergencia en una cuenta con fácil acceso, de tal modo que pueda retirar el dinero tan pronto como lo necesite.

Utilice el sistema de pagos automáticos

Si programa pagos automáticos, autorizará a las compañías para que retiren dinero de su cuenta para efectuar sus pagos. Esto significa que no tendrá que elaborar cheques cada mes. Consulte con las compañías para saber si cuentan con el servicio de pagos automáticos. Algunas compañías ofrecen descuentos por utilizar este servicio. Asimismo, podrá recibir su estado de cuenta por correo electrónico en vez de recibirlo en papel. Esto ayuda a disminuir el desorden en casa cuando se le entrega en papel.

Existen inconvenientes en el sistema de pagos automáticos. Si tiene usted algún cargo en aclaración, el dinero ya se habrá retirado de su cuenta. Deberá asegurarse de tener en su cuenta el dinero suficiente en el momento del retiro automático. Tal vez prefiera programar el retiro automático tan pronto como reciba su sueldo. El sobregiro puede añadirse a los costosos cargos por parte del banco. Puede olvidarse fácilmente que se debe dinero cuando no se elaboran cheques cada mes.

Lleve consigo una cantidad determinada de dinero

Calcule la cantidad total de efectivo que realmente necesita cada semana. Retire solamente esa cantidad. Cuando se termine esa cantidad, ya no gastará más sino hasta la próxima semana. Limite el uso de los cajeros automáticos. Al utilizarlos, obtiene efectivo de inmediato, pero no es una buena idea para las personas que padecen TDA. Mientras más efectivo lleve encima, más probabilidades habrá de que lo gaste. Si utiliza un cajero automático, elija un banco que no cobre una cuota. Uno o dos dólares por cada retiro en un cajero puede parecer insignificante, sin embargo, se suma rápidamente.

Utilice una canastilla para cuentas por pagar

Algunas veces, las cuentas no se pagan porque pierde los estados de cuenta o simplemente porque olvida pagarlas. Un remedio es conservar todas sus cuentas por pagar en una canastilla. Llene la canastilla con algunos sobres, estampillas, sus chequeras y una pluma. Cuando llegue un estado de cuenta, llévelo a la canastilla y elabore de inmediato un cheque.

Puede solicitar a las compañías que programen sus fechas de pago para que todas coincidan en el mismo día. Si recibe dos salarios al mes, puede programar las fechas de pago en dos partes, una después de cada día de pago. Programar sus fechas de pago simplifica su proceso de pagos.

Conserve sus recibos

Los recibos suelen multiplicarse casi sin darse cuenta. Conserve solamente los comprobantes que va a necesitar, que pueden ser:

- Los recibos de las compras mayores.
- Los recibos de los artículos que devolverá.
- Los recibos de los gastos y donativos deducibles de impuestos.
- Los recibos de los gastos por los que recibirá un reembolso.

Compre un archivero de acordeón del tamaño de un cheque que contenga bolsillos para cada mes. Cuando obtenga un recibo, archívelo en el bolsillo de ese mes. Asegúrese de archivar sus recibos de inmediato. Al final del año, revise los recibos y descarte los que ya no necesita. Conserve los recibos de los gastos deducibles de impuestos por separado en un sobre con la leyenda: "Recibos (anuales) para Impuestos."

EL PADECIMIENTO DE TDA Y LAS DEUDAS

Las personas que padecen TDA poseen un alto grado de endeudamiento (Weiss y Hechtman, 1993). Esto se debe a un gasto impulsivo y la desorganización. ¿Cuántas veces ha comprado usted algo sólo para darse cuenta de que ya lo tenía? Estos costos pueden acumularse.

Reduzca el uso de su tarjeta de crédito

Muchos libros sobre administración del dinero le sugieren dejar de usar totalmente sus tarjetas de crédito. Sin embargo, este consejo puede resultar no sólo poco realista para las personas que padecen TDA, sino que también puede llevarlas a utilizar las tarjetas de crédito de una manera desenfrenada. La naturaleza humana nos indica que mientras más prohibido sea algo, más lo deseamos. Esto es especialmente cierto en las personas que padecen TDA.

En vez de hacerlo de manera brusca, trabaje para ser más consciente del uso de su tarjeta de crédito. Utilizarla de manera responsable le ayuda a elevar su capacidad crediticia y le ahorra dinero. Se dará mayor información sobre su capacidad crediticia más adelante en este capítulo.

Para evitar problemas con sus tarjetas de crédito, pague en efectivo siempre que le sea posible. También puede pagar con una tarjeta de débito. Las tarjetas de débito se parecen a las tarjetas de crédito, sin embargo, éstas deducen el dinero automáticamente de su cuenta. Si utiliza una tarjeta de débito, asegúrese de registrar sus compras para evitar el sobregiro de su cuenta.

Es importante hacerse el propósito de pagar sus tarjetas de crédito. Al comprar un artículo con una tarjeta de crédito, estará aceptando un préstamo a un interés extremadamente alto. Anote las tasas de interés y los saldos de todas sus tarjetas de crédito. Pague primero la tarjeta con la tasa de interés más alta. Después, pague la que le sigue en porcentaje de tasa de interés.

Pague a sus acreedores

¿Tiene usted alguna cuenta que haya sido asignada a una agencia de cobro? Éstas son algunas sugerencias cuando esto le ocurra.

Elabore un plan de pago

Llame al acreedor y acuerde pagar cierta cantidad de su cuenta al mes. Los acreedores son mucho más comprensivos si hace usted el esfuerzo por pagarles en vez de ignorar su deuda.

Conozca sus derechos

Un ejemplo: El Acta de Prácticas Justas de Colección de Deudas, FDCPA (*Fair Debt Collection Practices*), en Estados Unidos, otorga ciertos derechos. Si bien el acta no condona su deuda, sí ofrece formas de protegerse:

- Una agencia de cobro solamente podrá llamarlo entre las 8:00 A.M. y 9:00 P.M., de acuerdo con los horarios de su zona.

- Una agencia de cobro no podrá contactar con nadie más con respecto a su deuda, a excepción de su abogado, en caso de contar con alguno. Sí pueden llamar a las personas para obtener su domicilio y número telefónico, pero no podrán discutir ninguna cuestión con referencia a su deuda ni podrán identificarse como una agencia de cobro a menos que se les pregunte específicamente.

- Puede solicitar que una agencia de cobro deje de estarle llamando, enviando una carta a dicha agencia en un plazo de treinta días después del primer contacto. La carta deberá especificar que no desea que la agencia de cobro lo contacte.

- Una agencia de cobro no podrá amenazarlo con la cárcel, utilizar lenguaje obsceno, o un nombre falso, depositar un cheque posfechado antes de la fecha que se escribió, obligarlo a aceptar llamadas "por cobrar" ni solicitar una cantidad mayor a la deuda actual (a menos que sea autorizado por la ley).

- Si siente que sus derechos han sido violados, puede reportarlo a las autoridades como la Comisión Federal de Comercio, FTC (*Federal Trade Commission*) en los Estados Unidos. Para obtener información de contacto, consulte el final de este capítulo. También puede presentar una demanda federal o estatal en contra de la agencia recaudadora. Por lo general puede presentar una demanda durante el primer año del primer contacto de la agencia recaudadora

Revise su historial crediticio

Su historial crediticio contiene la información detallada sobre sus cuentas de crédito (tarjetas de crédito, préstamos y cuentas por pagar), sus saldos y las fechas límite de pago. Esta información la reúnen y venden compañías llamadas burós de crédito. A usted se le otorga un grado crediticio basado en la información contenida en su historial crediticio. Mientras mejor sea su historial crediticio, más alto será su grado crediticio. Tanto su grado como su historial crediticios pueden influir en sus oportunidades de obtener tarjetas de crédito, una hipoteca y préstamos.

Obtenga una copia de su historial crediticio por parte de cada uno de los tres burós de crédito: Experian, Equifax y TransUnion. Revise que los historiales contengan la información correcta, especialmente si está usted planeando solicitar una tarjeta de crédito o un préstamo en fechas próximas. Los historiales de crédito pueden costarle hasta 9 dólares o pueden ser gratuitos, dependiendo de su lugar de residencia, su estatus laboral, si ha sido rechazado para el otorgamiento de una tarjeta de crédito o un préstamo en los últimos sesenta días. Contacte de inmediato a los burós de crédito en caso de encontrar imprecisiones en la información. La información de contacto para las oficinas de crédito la puede encontrar al final de este capítulo.

TENGA CUIDADO CON SU NÚMERO DE SEGURIDAD SOCIAL

El robo de identidad, es decir, cuando alguien roba su nombre, su número de Seguridad Social u otra información de identidad, va en aumento. Aquel que roba esta información puede entonces utilizar sus tarjetas de crédito, solicitar préstamos a su nombre y provocar otras pesadillas financieras. Si alguien ha robado su identidad, contacte a los burós de crédito que se enumeran al final de este capítulo.

DESARROLLE UN PRESUPUESTO

Si bien puede resultar imposible elaborar un presupuesto detallado, necesita analizar sus gastos mayores durante el mes. La planeación de un presupuesto se puede hacer en una libreta, con un cuaderno de trabajo presupuestal o con un programa financiero. Primero, anote los pagos que no son negociables. Por ejemplo, los pagos de su hipoteca, de su renta o de su automóvil son gastos mensuales fijos y obligatorios. Después, anote sus necesidades inmediatas como la comida, electricidad y medicamentos. Por último, anote los artículos de su presupuesto que son opcionales como las diversiones, las salidas a cenar y los regalos para la familia y los amigos.

A continuación, anote su ingreso mensual. Reste sus gastos totales a su ingreso mensual. ¿Le queda dinero al final del mes? Recuerde las palabras de Suze Orman: "No es lo que usted hace, sino lo que obtiene al conservarlo" (1997, 125). Si está usted gastando más de lo que gana, analice lo que ha gastado durante los últimos meses. ¿Existen algunas áreas en las cuales podría gastar menos? Por ejemplo, si bien el alimento es una necesidad, usted tiene algún control sobre el costo total del mes. Tal vez necesite comprar alimentos menos costosos. Asimismo, observe la manera en que gasta usted el dinero. Por ejemplo, si usted compra un café gourmet cada semana por $4 dólares, en un año habrá gastado $208 dólares. Imagine cuánto se elevará este gasto si compra un café cada día. No necesita contar cada centavo que gasta. Siempre habrá pequeñas adquisiciones que serán difíciles de seguir y de incluir en su presupuesto. El análisis de estas compras no vale ni el tiempo ni la molestia. Lo que está usted haciendo es buscar un presupuesto aproximado.

APROVECHE LOS AHORROS LIBRES DE IMPUESTOS

A las personas que padecen TDA se les dificulta ahorrar para futuras necesidades. Analicemos dos maneras inteligentes de ahorrar su dinero.

Invierta en una cuenta de retiro libre de impuestos

Usted podría calificar para una Cuenta de Retiro Individual, IRA (*Individual Retirement Account*). Una IRA le permite depositar hasta cierta cantidad de dinero cada año. Las ganancias se difieren de los impuestos hasta el momento en que se realizan retiros. Algunos patrones ofrecen un plan de retiro. Si se afilia, su patrón puede igualar en su cuenta los fondos con los que usted ha contribuido.

Inicie un fondo prepagado de enseñanza universitaria

El Plan 529 le permite depositar dinero en una cuenta cada mes para la educación universitario de su hijo (libre de impuestos). Para obtener mayor información, consulte las fuentes al final de este capítulo.

ESTABLEZCA METAS FINANCIERAS

Al establecer metas financieras inmediatas, de corto y largo plazo estará definiendo lo que le gustaría lograr. Habrá entonces mayores posibilidades de que controle sus gastos si establece metas financieras.

115

Ejercicio: Descubra cuáles son sus metas financieras

1. Tome pluma y papel.
   - En una de las hojas escriba el título "Metas Inmediatas."
   - En otra hoja, escriba "Metas de Corto Plazo."
   - En la tercera, escriba "Metas a Largo Plazo."
2. Comience con la hoja de las "Metas Inmediatas." Estas serán las metas financieras que le gustaría alcanzar en el plazo de un mes. Puede anotar todas las que usted quiera. Sea realista con sus metas. Por ejemplo, tal vez no quiera agregar: "Tener un yate" en la lista de "Metas inmediatas", a menos que sea un acaudalado. Su lista de "Metas inmediatas" podría incluir:
   - Aprender a manejar el programa de administración de dinero.
   - Trabajar en la administración de mi dinero una vez a la semana.
   - Realizar a tiempo el pago del préstamo para automovil este mes.
   - Hacer una lista de las fechas de pago de mis deudas.
3. En su lista "Metas de Corto Plazo", anote los objetivos financieros que le gustaría alcanzar en el plazo de un año. En esta lista podría incluir:
   - Saldar dos de mis tarjetas de crédito.

- Obtener una mejor tasa de interés en el préstamo para mi automóvil
- Presentar mi pago de impuestos a tiempo.
- Depositar dinero en mi cuenta de ahorros cada mes.

4. Las metas a largo plazo son aquellas que le gustaría alcanzar en un plazo de cinco años. Esta lista podría incluir:
- Saldar todas las tarjetas de crédito.
- Tener en mi cuenta de ahorros el equivalente a seis meses de salario.
- Comprar un auto nuevo.
- Reparar el techo de la casa.

Usted tiene un objetivo personal al determinar sus metas. Observe sus listas y actualícelas conforme vaya alcanzando sus fines. Cuando se sienta desmotivado, revíselas. Recuerde para qué está trabajando al organizar sus finanzas: poner a trabajar su dinero.

La administración financiera sí es posible cuando padece TDA. Simplemente necesita una manera menos intensiva y detallada de hacerlo. En el siguiente capítulo, usted verá cómo cuidar de sí mismo puede reducir algunos de los síntomas del TDA.

Fuentes

BURÓS DE CRÉDITO

Equifax
  www.equifax.com
  (800) 685-1111

Experian
  www.experian.com
  (888) 397-3742

TransUnion
  www.transunion.com
  (800) 888-4213

REPORTE DE ROBO DE IDENTIDAD

Equifax
  (800) 525-6285

Experian
  (888) 397-3742

TransUnion
  (800) 680-7289

Página del robo de identidad de la Comisión Federal de Comercio, FTC (Federal Trade Commission)
www.consumer.gov/idtheft/index.html
(877) 438-4338

ADMINISTRACIÓN DEL DINERO

529 planes
www.savingforcollege.com

Defensoría del consumidor
www.clarkhoward.com

Banco telefónico del consumidor Team Clark:
(404) 892-8227

Reportes del consumidor
www.consumerreports.org
Departamento de suscripciones: (800) 208-9696

Asociación Nacional Cooperativa, CUNA (*Credit Union National Association*)
http://www.creditunion.coop/

Comisión Federal de Comercio, FTC (*Federal Trade Commission*)
www.ftc.gov
(877) 382-4357

Tasas de interés
www.bankrate.com

7. PRACTIQUE UN BUEN CUIDADO DE SÍ MISMO

En el capítulo 6 aprendió cómo administrar el dinero. El bienestar financiero es una parte importante de su vida. Sin embargo, existen otras clases de bienestar igualmente importantes. En este capítulo aprenderá las distintas dimensiones de bienestar y cómo tener una vida más equilibrada.

Puesto que las personas que padecen TDA viven una vida apresurada, pueden olvidar relajarse un poco y descuidar el hecho de estar o no viviendo una vida equilibrada. Cuando se está en un avión, las sobrecargos nos señalan que debemos colocarnos la máscara de oxígeno antes de colocársela a nuestros hijos. Esto es igual en la vida diaria. No puede hacerse cargo de otros a menos que se haga cargo de sí mismo primero. Dedique algún tiempo cada día para mantener en buen estado su cuerpo, su espíritu y su mente. Si requiere ayuda para que pueda dedicar tiempo a obtener bienestar, consulte el capítulo 5, "Administre su tiempo."

UTILICE EL MODELO DE BIENESTAR

Practicar el bienestar significa hacer cambios para garantizar el equilibrio en su vida. Existen seis dimensiones hacia el bienestar: física, social, laboral, espiritual, intelectual y emocional. La dimensión física consiste en la capacidad para ejercitarse, consumir alimentos sanos, obtener atención médica adecuada, abstenerse de utilizar substancias adictivas y practicar la reducción del estrés y la relajación. La dimensión social consiste en la capacidad para interactuar con una variedad de personas, para comunicarse eficazmente, para fortalecer a su comunidad, para desarrollar amistades, para divertirse y equilibrar el trabajo y la diversión. La dimensión laboral consiste en la capacidad para disfrutar de su trabajo, y conseguir un empleo que se ajuste a sus aptitudes y necesidades. También alude a la capacidad para reconocer las oportunidades que se presentan para aprender nuevas habilidades. La dimensión espiritual radica en la capacidad para participar en actividades espirituales, proteger el medio ambiente, definir su nivel de ética y su propósito en la vida y para cuidar del bienestar de los demás.

La dimensión intelectual se refiere a la habilidad para dar seguimiento a los sucesos actuales, experimentar nuevas cosas, observar su entorno y utilizar las posiblidades de la crítica. También consiste en la capacidad para resolver problemas. La dimensión emocional es la aptitud para expresar emociones, para desarrollar habilidades de resistencia que sean eficaces y sanas, para ver la vida positivamente y conservar la independencia reconociendo cuándo necesita ayuda de los demás. Asimismo, consiste en la capacidad para definir metas realistas para sí mismo. Las personas que padecen TDA suelen exagerar su entusiasmo por un área de bienestar en particular. Pueden pasar por alto otras áreas de bienestar durante largos períodos de tiempo. Esta falta de equilibrio puede llevarlo a sentirse desconcentrado, desdichado y deprimido. En este capítulo, aprenderá las estrategias específicas para que las personas que padecen TDA mantengan equilibradas sus dimensiones de bienestar. En el capítulo 8, conocerá acerca del bienestar laboral. En el capítulo 9, acerca del bienestar social. En este capítulo, aprenderá a mejorar la dimensión física, emocional y espiritual del bienestar.

ALCANCE EL BIENESTAR FÍSICO

Su bienestar físico está determinado principalmente por el ejercicio, la alimentación y los hábitos de sueño.

Comience a ejercitarse

¿Qué pasaría si le dijeran que existe una manera económica, saludable y divertida de reducir la severidad de sus síntomas de TDA? Nos referimos al ejercicio físico. El ejercicio también ayuda a reducir la depresión, la cual se experimenta en un mayor grado por las personas que padecen TDA (Secnik, Swensen y Lage, 2005). Es mejor ejercitarse a primera hora por las mañanas de tal manera que sienta los beneficios durante el resto del día. Tan sólo treinta minutos al día, tres veces a la semana, le ayudarán a sentirse mejor. El ejercicio no necesariamente tiene que costarle una gran cantidad de dinero. Si tiene usted zapatos deportivos, ya cuenta entonces con el equipo necesario. Si está empezando a ejercitarse, tómelo con calma. No se sobrefatigue. Puede lastimarse si se exige demasiado. Consulte a su médico antes de comenzar un programa de ejercicios. El ejercicio es como aprender a conducir un auto de transmisión manual. Al principio puede ser difícil, pero después de un tiempo, ni siquiera piensa en eso, simplemente lo hace.

Busque un compañero de ejercicios

Encontrar un compañero de ejercicios aumenta enormemente sus posibilidades de mantener un programa de ejercitación. El saber que alguien se reunirá con usted para ejercitarse, lo motivará más —ahora es usted responsable de otra persona—.

Muchas personas tienen un perro como compañero de ejercicios. A los perros les encanta salir a caminar y, por lo general, pueden seguirle el paso. Y la ventaja es que este compañero de actividades físicas está disponible siempre.

Varíe su rutina de ejercicios

Para una persona que padece TDA, la variedad es realmente la sal de la vida. A fin de combatir el aburrimiento del ejercicio, varíe su rutina. Camine por su vecindario, tome una clase de ejercicio en grupo, salga a tomar el almuerzo con sus compañeros de trabajo o labore en su jardín. Si su peso corporal es de 150 libras, quemará tantas calorías realizando sesenta minutos de tareas en el jardín como al hacer ejercicio de trote durante cuarenta y cinco minutos. La actividad no es tan importante como el hecho de que está usted siendo activo.

Busque el tiempo para ejercitarse

Usted sí tiene tiempo para ejercitarse. Todo depende de que considere o no como una prioridad el hacerlo. Si se le dificulta levantarse por las mañanas, ejercítese por las tardes. Si se siente agotado después del trabajo, practíquelo a primera hora en las mañanas. Para ayudarse a programar esta actividad, consulte el capítulo 5.

Aliméntese bien

La mejor manera de mantener un cuerpo sano es combinar el ejercicio con una buena alimentación.

Padecer TDA facilita el ganar peso y dificulta bajarlo (Altfas, 2002). Mantenerse concentrado en un programa para perder peso puede ser difícil para las personas que padecen este trastorno. Resulta especialmente tedioso cuando se lleva tiempo perder peso. A las personas que padecen TDA les gusta la gratificación inmediata y se lleva tiempo adquirir un peso corporal saludable. Las siguientes son algunas maneras realistas de alimentarse bien.

Cuidado con las dietas de moda

Antes de iniciar cualquier dieta, consulte a su médico. Cuídese de las dietas de moda. Las dietas de moda, que prometen una rápida disminución del peso y pueden promover hábitos alimenticios que no son sanos. Otra advertencia contra las dietas de moda es que recuperará el peso perdido al dejar la dieta. Son sólo una medida temporal. Cambiar su estilo de vida y sus hábitos de alimentación es una mejor manera de mantener su peso ideal y tener beneficios de más largo plazo.

Practique el control de las porciones

El control de las porciones se refiere a que no se comerá usted toda una caja de galletas en una sola ocasión, aun y cuando se trate de galletas bajas en grasa. Será mejor comer cantidades más pequeñas. Los restaurantes, particularmente en los Estados Unidos, sirven porciones de alimentos mucho más grandes de lo que usted requiere. Siempre puede llevarse a casa lo que no se termina.

Utilice un plato más pequeño cuando se sirva usted mismo en casa o en una fiesta. Antes de asistir a una fiesta, coma algo ligero. Se sentirá menos deseoso de comer en la fiesta más tarde.

Coma concentradamente

Es muy fácil excederse en la alimentación cuando está prestando atención a otra cosa. Concéntrese en su comida. Las personas que padecen TDA comen demasiado rápido, lo cual las lleva a una sobrealimentación. El TDA no sólo causa problemas a la hora de concentrarse en el ambiente externo sino también en el interno: su cuerpo. A las personas que padecen TDA se les dificulta saber cuándo están satisfechas. La solución es practicar la alimentación concentrada. Al comer, mastique lentamente y concéntrese en el sabor de su comida. Haga un esfuerzo por concentrarse en el momento presente.

Éstas son algunas otras maneras de practicar la alimentación concentrada:

- Haga una oración antes de comer.
- Antes de comer, observe la comida y piense de dónde vino y el esfuerzo que costó llevarla hasta su mesa.
- Al comer, no haga nada más. No lea ni vea la televisión mientras come.
- Siempre siéntese a comer. No coma de pie, ni corriendo ni en el auto.
- Tómese el tiempo suficiente para preparar su comida. No coma directamente del envase.

Si practica la alimentación concentrada, notará que necesita de una menor cantidad de alimento y disfrutará más de su comida. El comer le resultará toda una nueva experiencia para usted.

Elija la comida más saludable
Es mejor preparar una comida sana antes de salir, pero esto no siempre es posible. Así que, cuando necesite acudir a los establecimientos de comida rápida, elija lo más saludable. Evite los condimentos, las comidas fritas y las bebidas endulzadas. Si ordena una ensalada, elija un aderezo bajo en grasas. Consulte la lista de alimentos más convenientes del menú del restaurante. Muchos establecimientos incluyen ahora el contenido de calorías de los alimentos que aparecen en el menú.

Practique una buena "higiene del sueño"

A las personas que padecen TDA se les dificulta dormir y son más propensas a sufrir trastornos del sueño. Éstos incluyen la apnea del sueño obstructiva, el Síndrome de las Piernas Inquietas, RLS (*Restless Leg Syndrome*) y ronquido (Wagner, Walters y Fisher, 2004). Los trastornos del sueño pueden ser provocados por su entorno, sus genes o por una pobre "higiene del sueño". Esta práctica es una técnica saludable para tener un buen descanso por la noche.

Utilice el tiempo de transición

Para facilitar la transición al momento de irse a dormir, apague la televisión o la computadora por lo menos treinta minutos antes de irse a la cama. La estimulación sensorial de los aparatos eléctricos mantiene su cerebro alerta. A su cerebro se le dificulta salir de toda esa estimulación. Pase esos treinta minutos antes de irse a la cama concentrándose en una baja actividad, como escuchar música relajante o acariciar a su mascota. Programe una alarma treinta minutos antes de la hora de dormir, que le recuerde que debe apagar la televisión o la computadora. Si tiene hijos, apague la televisión o la computadora todavía más temprano —treinta minutos antes de que sus hijos se vayan a la cama—. Una vez que ellos estén en la cama, mantenga la televisión y la computadora apagadas y realice una actividad relajante.

Mantenga una hora de dormir constante

Vaya a la cama a la misma hora cada noche y levántese a la misma hora cada mañana, sin importar el día de la semana. En los días laborales, puede levantarse a las 7 de la mañana e irse a dormir a las 11 de la noche. Sin embargo, durante los fines de semana, podría levantarse a las 11 de la mañana e irse a dormir a las 2 de la mañana. Así su cuerpo tendrá dificultades para reajustarse al llegar la mañana del lunes. Si se levanta a la misma hora cada mañana, su cuerpo se regulará por sí mismo.

Utilice su cama sólo para dos actividades

Utilice su cama sólo para dormir y para el sexo. No vea la televisión, no lea ni haga trabajo de oficina en su recámara. Esto puede atrofiar su sueño y provocar un distanciamiento entre usted y su pareja. Busque otro lugar de la casa para estas actividades. Mientras más asocie su cama con el dormir, más fácil le resultará conciliar el sueño.

Prevenga el rechinamiento de dientes durante la noche

Si padece usted TDA, tal vez podría rechinar sus dientes durante el sueño. Esto se debe quizás a que tiene un exceso de energía que descarga durante la noche. Al rechinamiento de dientes durante la noche se le conoce como bruxismo. Si no se atiende, puede provocar rompimiento, desgaste o sensibilidad en los dientes. También puede provocar dolor en la quijada y jaquecas. Una solución contra el bruxismo es utilizar una férula oclusal, la cual evita que sus dientes rechinen durante la noche. La férula está hecha de material acrílico y se ajusta a la forma de sus dientes y de su quijada. La férula no solo extenderá la vida de sus dientes sino que también ayudará a su pareja a tener un mejor descanso durante la noche. Consulte con su dentista sobre la posibilidad de utilizar una férula oclusal.

Escuche a su cuerpo

Las personas que padecen TDA no sólo tienen dificultad para concentrarse en el mundo externo sino también en su mundo interno. Tal vez pase demasiado tiempo sin comer porque no siente el hambre. También puede sobrealimentarse porque no se siente satisfecho. Puede pasar demasiado tiempo sin dormir porque está demasiado ocupado para percibir su fatiga.

Analícese durante el día y pregúntese: "¿Qué es lo que mi cuerpo está diciendo?" Piense en cómo reacciona su cuerpo en diferentes situaciones: la fatiga, el hambre, la tristeza, el aburrimiento y el estrés. Por ejemplo, cuando tiene hambre, su estómago gruñe o puede sentirse mareado. Sus manos pueden temblar. Cuando esté más consciente de la manera en que reacciona su cuerpo, podrá dar los pasos necesarios para evitar desgastarse. Por ejemplo, si ha notado que se siente excesivamente hambriento si no come durante seis horas, asegúrese de comer cada cuatro horas.

ALCANCE EL BIENESTAR EMOCIONAL

El bienestar emocional incluye la relajación, una actitud positiva, creatividad y diversión. El manejo de sus emociones forma una parte importante de su bienestar en general.

Limite las horas para ver televisión

Los investigadores descubrieron que, durante la hora pico de la programación por televisión, el 80 por ciento de los programas infantiles, el 82 por ciento de los programas de suspenso y el 46 por ciento de los programas en vivo, contenían escenas de violencia (Smith, Nathanson y Wilson, 2002). Observar las escenas violentas por la televisión desensibiliza a las personas. Entre más violencia observe en la televisión, menos "mortificado" se sentirá. Al ver en las noticias que algo terrible ha sucedido, no puede hacer nada para ayudar a las víctimas. Esto puede hacer que se sienta traumatizado (Schlenger, 2002). Asimismo, ver las noticias por televisión puede darle una exagerada percepción de la cantidad de crímenes que ocurren en su área. El observar repetidamente un suceso traumático en las noticias puede hacerlo sentir impotente. Limite el tiempo para ver la televisión y observe el cambio en su actitud. Tal vez se sienta más tranquilo y optimista.

Recuerde divertirse

Tomarse el séptimo día de la semana para descansar puede ser un concepto religioso, pero se fundamenta en una vida saludable. Esta norma es especialmente provechosa para las personas que padecen TDA. Debido a una mala administración del tiempo, las personas que padecen TDA se agotan más durante la semana. Recuerde que es tan importante divertirse y conservar la creatividad como lo es trabajar. Elija un día de la semana para relajarse y divertirse. Si se le dificulta encontrar un día para descansar, consulte el capítulo 5, "Administre su Tiempo."

Busque una actividad relajante

Si bien a algunas personas les es útil la meditación para reducir el estrés, puede resultarles difícil sentarse y vaciar por completo su mente si padecen TDA. Una actividad relajante que implique un movimiento puede ser más fácil y benéfica para usted. Por ejemplo, el yoga implica estiramientos, respiración profunda y diferentes posturas. Al hacer yoga, obtiene los beneficios de una actividad relajante combinada con el movimiento que las personas que padecen TDA necesitan y anhelan.

La visualización creativa es una buena técnica de relajación para las personas que padecen TDA porque les permite usar su imaginación. Asimismo mantiene su mente activa mientras se relaja. En el mercado se pueden encontrar discos compactos y cintas que lo guiarán a través de una imaginación dirigida. Un narrador describe una escena y su imaginación la continúa.

Reduzca su nivel de ira

Las personas que padecen TDA pueden tener un nivel de tolerancia muy corto. Su ira puede pasar de cero a sesenta en unos cuantos segundos. Las cosas que no molestarían a las personas que no padecen TDA, podrían enojarlo a usted. Un problema común en las personas que padecen TDA es que, si bien se tranquilizan rápidamente, los integrantes de la familia se pueden sentir traumatizados durante mucho tiempo. Los arranques de ira pueden tensar sus relaciones, lo cual es probable que lo lleve a un ciclo de ira perjudicial.

La ira es una emoción común del ser humano. Lo que importa es cómo la maneja. Tal vez piense que, al gritar, está aclarando su punto de una manera más efectiva. En realidad, mientras más grita, menos atención recibe por parte de la otra persona. La ira es algo paradójico. Mientras más intenta deshacerse de la ira, más evidente se hace. El objetivo no es deshacerse de la ira sino modificar su manera de manejarla.

Preste atención a las reacciones de su cuerpo cuando se enfurece. ¿Su rostro se enciende? ¿Sus manos tiemblan? Si reconoce las señales de su cuerpo, entonces podrá intervenir cuando comiencen sus reacciones. Para saber más acerca del impacto que ejerce su ira en sus relaciones y acerca de las técnicas para manejarla, consulte el capítulo 10.

ALCANCE EL BIENESTAR ESPIRITUAL

Sólo usted puede definir su relación con el mundo. Parte del bienestar espiritual consiste en darse cuenta de que se encuentra interconectado con todas las personas. El bienestar espiritual significa también saber que sus decisiones afectan a otras personas. Una parte importante de fomentar el bienestar espiritual es tomarse el tiempo para nutrir su alma.

Participe en su comunidad

Asistir a una actividad religiosa le permite mejorar su sentido de comunión y unión con otras personas. Tal vez haya descubierto, a través de sus experiencias pasadas, que no puede mantenerse sentado mucho tiempo para no ganar nada de una reunión religiosa. Quizá encuentre usted un grupo espiritual que coincida con sus creencias, que ofrezca servicios más breves y que le permitan estar en movimiento.

De igual manera, puede ponerse en contacto con su comunidad ofreciéndose como voluntario en alguna organización altruista. Puede usted hacer una diferencia en el mundo quitando la atención del "yo" para enfocarla en el "nosotros." Concentrarse en ayudar a los demás, quizá disminuya los sentimientos de depresión.

Ser creativo es uno de los aspectos positivos de padecer TDA. Puede crear excelentes ideas para una organización y otro de los miembros puede ayudar a llevarlas a cabo. Esto combina lo mejor de ambos mundos.

Practique la gratitud

Durante el día quizá enfrente muchos disgustos, incluyendo perder cosas, ser desorganizado o tener dificultad para concentrarse. Puede ser fácil olvidarse de lo que está marchando bien en su vida. Todas las noches, antes de irse a la cama, escriba en su diario cinco cosas por las que se siente agradecido. Asimismo, escriba algo que lo haya inspirado, algo que lo haya sorprendido y algo que lo haya conmovido. Al enfocarse en los aspectos positivos, coloca lo desagradable en otra perspectiva. Asimismo, aligera las cargas del día.

Pase algún tiempo a solas

Busque un lugar en su casa donde pueda "escapar." Aun y cuando su espacio sea pequeño, puede hacer de un rincón un santuario. Decórelo con obras u objetos relajantes. Tómese un tiempo para estar a solas y tranquilo en este espacio. Intente mantener a los demás fuera de este espacio, especialmente cuando lo esté usted utilizando. Algunas de sus mejores ideas aparecen cuando está tranquilo y pensativo.

Busque su objetivo

Parte de la práctica del bienestar espiritual consiste en descubrir la razón por la que se encuentra usted en la tierra. ¿Está destinado a descubrir algo? ¿Está destinado a luchar por una causa en particular? Piense cuál es el legado que desea dejar. Atribuirle un significado a su vida significa poner las cosas bajo cierta perspectiva. Para conocer las fuentes que le ayuden a definir su objetivo, consulte el final de este capítulo.

Ejercicio: Descubra las formas de cuidar de sí mismo

Cuando está usted estresado, puede fácilmente olvidar la manera en que es capaz de cuidar de sí mismo. Para este ejercicio, escriba las actividades sanas con las que puede reducir el estrés. Éstas son algunas sugerencias:

- Dar un paseo.
- Llamar a un amigo.
- Jugar un deporte.
- Tomar un baño caliente.
- Ir al cine.

Busque diversas ocupaciones que mantengan su interés. Para más ideas, observe a los demás cuidar de sí mismos. Pregunte a las personas que poseen buenas habilidades para manejar el estrés, la manera en que se tranquilizan. Recuerde cómo manejaba el estrés cuando era un niño. La próxima vez que se sienta a punto de estresarse, saque su lista y practique una de las sugerencias que anotó para eliminar el estrés. En este capítulo ha conocido las ventajas de tener un estilo de vida saludable y equilibrado. Asimismo, ha aprendido que encontrar su objetivo en la vida es una parte importante del bienestar espiritual. En el siguiente capítulo, aprenderá cómo el buscar su propósito en la vida también podrá ayudarle a encontrar una profesión que se ajuste a usted.

Fuentes

Adrienne, C. 1999. *Find Your Purpose, Change Your Life: Getting to the Heart of Your Life's Mission*. Nueva York: HarperCollins.

Davis, M., E. Eshelman, y M. McKay. 2000. *The Relaxation and Stress Reduction Workbook*. Quinta edición. Oakland, Calif.: New Harbinger Publications.

Asociación Americana de Dietología, ADA (*American Dietetic Association*)
www.eatright.org

Consejo Americano para el Ejercicio, ACE (*American Council on Exercise*)
www.acefitness.org

8. BUSQUE UN EMPLEO ADECUADO

En el capítulo 7 aprendió sobre las dimensiones físicas, emocionales y espirituales del bienestar. En este capítulo conocerá otra importante dimensión para alcanzar el equilibrio en la vida: el bienestar laboral. El bienestar laboral consiste en poder disfrutar del trabajo, poseer las habilidades para buscar empleo y para encontrar aquel que más se ajusta a sus aptitudes y necesidades. Asimismo, consiste en la capacidad de reconocer las oportunidades para aprender nuevas destrezas.

Las personas que padecen TDA suelen cambiar de empleo constantemente y ser despedidos. En muchos empleos, el TDA actúa contra usted en vez de funcionar como una cualidad. No todos los empleos son iguales —por lo menos no para las personas que padecen TDA—. Las personas que padecen TDA son mejores en los empleos que:

- Representan gran actividad.
- Incluyen diferentes tareas cada día.
- Te permiten estar en movimiento durante el día de trabajo.
- Incluyen el apoyo de un asistente.

- Son intelectualmente estimulantes.
- Toman ventaja de su habilidad para realizar varias tareas.
- Se marcan fechas límite precisas para los proyectos.
- Ofrecen una constante retroalimentación.
- Tienen expectativas claras.
- Tienen un itinerario flexible.
- Incluyen interacción con varias personas.
- Ofrecen retribuciones inmediatas por un trabajo bien hecho (por ejemplo, obtener una buena propina en un restaurante por haber ofrecido un buen servicio).

Además, le servirá de gran ayuda el que su jefe padezca TDA o que por lo menos comprenda los síntomas del TDA.

Los empleos como bombero, mesero, maestro, médico de emergencias, abogado penalista o militar son buenos para las personas que padecen TDA ya que éstos incluyen muchas de las características de los empleos adaptables a este padecimiento.

ANALICE EL GRADO DE SATISFACCIÓN CON SU EMPLEO

Sí es posible disfrutar lo que hace para ganarse la vida. Al decidir si desea continuar en su empleo actual, hágase las siguientes preguntas:

- ¿Ansío llegar a mi trabajo por las mañanas?
- ¿Es mi TDA una ventaja o una desventaja en este empleo?
- ¿Recibo beneficios en este empleo?
- ¿Me aburro en este empleo?
- ¿Este empleo se aviene a mi ética y mis creencias?
- ¿Este empleo me ayudará a alcanzar mi objetivo en la vida?

Para más sugerencias sobre la definición de su objetivo en la vida, consulte el capítulo 7 o las fuentes al final de este capítulo.

CAMBIE DE TRAYECTORIA EN EL TRABAJO

Supongamos que ha decidido buscar un nuevo empleo. Las personas que padecen TDA tienden a pasar de una cosa a otra y, entonces, cuando se dan cuenta de lo que han hecho, lo asimilan y siguen adelante. Al definir su empleo ideal, aumenta sus posibilidades de alcanzar el éxito. Consulte los sitios de empleo en Internet para darse una idea sobre aquellos que están disponibles en su área de interés.

Identifique su empleo ideal

Encontrar un nuevo empleo conlleva cierta reflexión. Para determinar sus intereses y aptitudes, hágase las siguientes preguntas:

141

- ¿Qué quería ser cuando niño?
- ¿Qué me gustaba hacer en la escuela?
- ¿Cuáles son mis mayores habilidades y aptitudes?
- ¿Cuál es mi pasatiempo favorito?
- ¿Cuáles son, según mi familia y amigos, mis mejores aptitudes?

Descubra lo que valora usted en un empleo

¿Qué valora usted más en un empleo? Para algunas personas, es muy importante ganar un buen sueldo. Para otras, es importante un empleo que implique una actividad física. ¿Valora usted la seguridad en el trabajo, la variedad en su día laboral o la oportunidad de ayudar a otros? Analice las tres cualidades más importantes para usted. Analice si el empleo que le interesa se ajusta a estas tres cualidades. De lo contrario, tal vez no sea el mejor empleo para usted.

Proyéctese en alguien

Al encontrar un empleo que llama su atención, puede ocurrir que se dedique a él con gran entusiasmo y después de un mes renuncie porque era muy diferente de lo que esperaba. Una manera de evitar esto es proyectarse en alguien con el mismo empleo antes de aceptar el puesto. "Proyectarse" significa pasar al menos una parte del día laboral con esa persona, de tal manera que tenga una idea real de lo que implica el empleo.

Al platicar con alguien que trabaja en lo que a usted le interesa, hágale las siguientes preguntas:

* ¿Cómo es para ti un día normal de trabajo?
* ¿Qué preparación profesional necesitas para este empleo?
* ¿Qué rasgos personales necesitas para este empleo?
* ¿Qué tan importante es en este empleo la habilidad para organizarse?
* ¿Qué es lo mejor de tu empleo?
* ¿Qué cambiarías de tu empleo?
* ¿Cómo encontraste este empleo?

Busque un empleo que se ajuste a su ciclo de sueño

Tal vez sus empleos anteriores no le funcionaron porque implicaban estar despierto por las noches y dormir durante el día. Si está usted más alerta por las noches, busque un empleo en donde sea un prerrequisito ser noctámbulo. Los empleos adecuados para los noctámbulos incluyen enfermeros nocturnos, bomberos y apoyo de captura de información.

Considere la idea de trabajar en casa

Cada año, más personas eligen trabajar desde casa. Para las personas que padecen TDA puede resultar emocionante iniciar su propio negocio o trabajar para una empresa desde la comodidad de su casa. De esa manera, pueden fijar horarios flexibles, evitar trasladarse al lugar de trabajo y tener mayor autonomía. Sin embargo, las personas que trabajan desde casa necesitan de una automotivación y de una buena administración del tiempo, áreas que son difíciles para las personas que padecen TDA. Antes de dar un paso decisivo, analice si posee usted el ímpetu y el equilibrio necesarios en su vida para alcanzar el éxito trabajando desde casa.

Procúrese la ayuda de otros durante su búsqueda de empleo

De igual manera que un amigo le puede ayudar a terminar con el desorden, también un amigo puede ofrecerle una orientación en su búsqueda de empleo. Una manera de determinar el tipo de empleo que se ajusta a usted es solicitar una orientación. Puede encontrar consejeros laborales privados que trabajan para una agencia o que se encuentran afiliados a alguna universidad.

Descubra cuál es su tipo personalidad

Su tipo de personalidad consiste en una serie de características comunes que lo describen. Usted puede saber cuál es su tipo de personalidad mediante una valoración por parte de sus consejeros o por su cuenta. No sólo podrá saber cuáles son los empleos que mejor se ajustan a su tipo de personalidad sino cómo su tipo de personalidad influye en sus relaciones, su vida familiar y su modo de aprendizaje. Para obtener mayor información sobre las valoraciones para un empleo y el tipo de personalidad, consulte las fuentes al final de este capítulo.

Considere la idea de volver a la escuela

Muchas personas que padecen TDA tienen empleos inferiores a sus capacidades. Esto significa que poseen más inteligencia y aptitudes de lo que su empleo requiere. Esto puede causarles un enorme aburrimiento. Las personas que padecen TDA tienen empleos inferiores a sus capacidades porque no lograron concentrarse en su escuela lo suficiente para obtener un título o un diploma. Si regresa a la escuela podría conseguir el empleo que le agrada.

A estas alturas, la escuela puede ser una experiencia positiva. Para empezar, tiene mayor conciencia de su TDA. Quizá ahora esté tomando medicamentos para controlar su trastorno, lo cual puede mejorar su desempeño escolar. Tiene la opción de obtener un empleo en su escuela.

Mejorar su nivel educativo puede costarle dinero y tal vez tenga que vivir módicamente por algunos años; sin embargo, estará invirtiendo en sí mismo. A la larga, obtendrá un empleo con mejor sueldo y contará con más habilidades. Consulte con la universidad de su localidad sobre la posibilidad de regresar a la escuela. Si no logra titularse, puede obtener un certificado escolar de Desarrollo Educativo General, GED (*General Equivalency Diploma*) y continuar con su educación superior. Busque también las opciones de educación abierta. Existen programas universitarios y cursos intensivos para las personas que necesitan trabajar tiempo completo mientras obtienen su título. Amplíe sus conocimientos adquiriendo capacitación en su área. Asimismo, puede comenzar un curso de computación. Estas habilidades son muy buscadas por los empleadores.

SAQUE LO MEJOR DE SU BÚSQUEDA DE EMPLEO

Si su empleo actual no es adaptable a las personas que padecen TDA o no se ajusta a su objetivo en la vida, es el momento de buscar otro empleo. Las dificultades para organizarse pueden hacer de la búsqueda de empleo algo abrumador y caótico. En esta sección, he dividido las labores de una búsqueda de empleo en pequeñas partes. Abordar la búsqueda utilizando pasos sencillos hace del proceso algo más manejable y productivo.

Hágale saber a la gente lo que está buscando

Contar con las referencias de personas que conoce es la mejor manera de obtener un empleo. Dígale a todo aquel que conoce que está buscando un empleo. Hábleles sobre el tipo de trabajo que le interesa y las aptitudes que posee. Nunca se sabe cuándo el amigo de un amigo puede tener una vacante.

Mantenga un currículum actualizado

Su currículum es una valiosa pieza de información para los posibles empleadores. Éste le muestra a los empleadores su historial laboral, su nivel educativo y sus aptitudes. Mantenga su currículum actualizado agregando los sucesos inmediatamente después de que suceden. Si espera tiempo para actualizarlo, inevitablemente olvidará algunos puntos importantes. Los errores ortográficos y gramáticales en un currículum son nefastos. Cualquier currículum que contenga errores es muy probable que vaya a dar al archivero circular del futuro empleador (el cesto de la basura). No es suficiente con utilizar el corrector ortográfico en su currículum. Los correctores ortográficos no captan todo. Pida a su cónyuge, a su compañero de habitación o a un consejero laboral que revise su currículum. Puede colocarlo en una página de buscadores de empleo para que los empleadores de todo el mundo puedan verlo.

Lleve consigo tarjetas de presentación

Las tarjetas de presentación le ayudan a las personas a recordarlo y a ponerse en contacto con usted

147

más fácilmente. No necesariamente deben ser costosas. Puede elaborarlas en su computadora con papel de impresión especial. Incluya su domicilio, números telefónicos y correo electrónico. Anote en su tarjeta sus áreas de interés. Lleve siempre consigo tarjetas. Nunca sabe cuándo se encontrará con alguien que tiene un empleo para usted.

Ponga en práctica sus habilidades para una entrevista

El objetivo de una entrevista laboral es que el posible empleador lo conozca y determine si es apto para el puesto. Asimismo, es una oportunidad para que usted evalúe si el empleo se ajusta a sus habilidades, su personalidad y sus valores. Ésta es una sugerencia sobre cómo mostrar su mejor lado durante una entrevista.

Haga su tarea
Investigue algo sobre la compañía antes de su entrevista. Puede revisar la información sobre las grandes empresas en los sitios de inversión en la red. Asimismo, puede leer los periódicos de negocios. Para mayor información, consulte las fuentes al final de este capítulo.

Piense en el salario que cree usted que se merece. Ésta es una pregunta común en las entrevistas laborales. Investigue los salarios para ese tipo de puesto antes de la entrevista. Tome en cuenta sus años de experiencia al pensar en un salario en particular.

Esté preparado

Practique sus habilidades para una entrevista. Pida a un amigo que haga el papel del entrevistador. Solicítele que califique su desempeño. Éstas son algunas preguntas comunes en una entrevista laboral:

* ¿Por qué desea cambiar su empleo actual?
* ¿Cómo se describiría a sí mismo?
* ¿Cuáles son sus cualidades y sus defectos?
* ¿Cómo maneja el estrés?
* ¿Por qué piensa usted que deberíamos contratarlo?

Sea profesional

Al elegir la ropa que usará para una entrevista, vístase como si ya tuviera el empleo. Si va a entrevistarse para un puesto administrativo, vístase formalmente. Respire varias veces justo antes de la entrevista y trate de ser usted mismo. La originalidad agrada más a los posibles empleadores. Confíe en que posee usted las aptitudes y la personalidad que este empleo requiere. Después de la entrevista, escriba una nota de agradecimiento a los entrevistadores. Agradézcales la oportunidad de reunirse con ellos y agregue que se interesa usted mucho en su empresa.

TRABAJE CON SU TDA, NO EN CONTRA DE ÉL

Una vez que haya encontrado el empleo que se ajusta a sus aptitudes, sus intereses y su nivel educativo, debe pensar si necesita adaptaciones que hagan su trabajo más efectivo y agradable. Las adaptaciones se refieren a la manera en la que puede ajustar su entorno de tal manera que le sea más fácil concentrarse y ser eficiente en su trabajo. Puede adquirir adaptaciones:

- Por medio de ajustes a su espacio laboral y a sus hábitos laborales
- Pidiendo a su empleador ciertos cambios
- Si ninguna de las anteriores opciones es posible, buscarlas por los medios legales.

Mientras más adaptaciones pueda hacer por su cuenta, menos necesitará revelar a su empleador su padecimiento ni enfrentar pleitos legales con éste.

Conozca las reglas tácitas del lugar de trabajo

Muchos lugares de trabajo cuentan con manuales para el empleado; sin embargo, también existen reglas tácitas sobre cómo deben marchar las cosas. Por ejemplo, una secretaria puede tener mayor influencia que su jefe para que las cosas se hagan. Las personas que padecen TDA pueden tener dificultad para aprenderse las reglas tácitas. Para conocer estas reglas, observe el comportamiento de las demás personas en el lugar de trabajo. Si se siente bien en su entorno laboral, pregunte a quien ya sepa cómo funcionan ciertos procesos.

Intente las siguientes adaptaciones en el lugar de trabajo

Éstas son algunas sugerencias sobre cómo hacer que su empleo y su lugar de trabajo sean más adaptables a su TDA:

- Tome varios descansos durante su día laboral, incluso aunque sea un pequeño paseo durante algunos minutos.
- Camine durante su hora del almuerzo.
- Al programar su día de trabajo, deje un tiempo libre para las reuniones y los demás eventos laborales de tal manera que no se sature de trabajo.
- Si es posible, contrate un asistente administrativo que le ayude con la organización y el papeleo detallado.
- Pida una oficina que esté relativamente libre de distracciones. Sería ideal una oficina que se ubique lejos del área laboral principal.
- Evite trabajar en un cubículo. Existen muchas distracciones.
- Si las distracciones son inevitables, utilice tapones para los oídos o audífonos mientras trabaja.
- Utilice una máquina de ruido blanco para bloquear las distracciones auditivas.

- Durante las reuniones, mantenga sus manos ocupadas. Concentrar su energía física lo ayudará a dirigir mejor su atención. A esta técnica se le conoce como distracción concentrada.
- Si su empleador no le exige tiempos límite, póngaselos usted mismo.
- Divida grandes proyectos en pequeñas partes.
- Llegue temprano o quédese hasta tarde para hacer papeleo, cuando hay menos distracciones.
- Cuando sus compañeros de trabajo le digan que necesitan algo de usted, pídales que se lo envíen por e-mail de tal manera que no sólo se pueda usted acordar de hacerlo sino que además tendrá una prueba por escrito de la petición.
- Tenga las solicitudes y las órdenes por escrito cada vez que sea posible. El conservar un seguimiento en papel lo ayudará a protegerse a usted mismo y a su empleo.
- Cuando su empleador le asigne una tarea, repita la petición en sus propias palabras para asegurarse de que entendió correctamente.
- Es muy común que las personas que padecen TDA olviden los nombres. Para poder recordar los nombres de sus compañeros de trabajo, elabore un diagrama de la oficina, incluyendo los privados. Anote los nombres de sus compañeros en las ubicaciones donde trabajan.
- Pida a su empleador una retroalimentación con respecto a su desempeño. Obtenga esta retroa-

limentación por escrito. La próxima vez que se reúna con su empleador para una revisión, lleve consigo la hoja de retroalimentación de la última revisión.

• Coloque un pizarrón en su oficina. Cada vez que tenga una idea importante, anótela de inmediato. Anótela en rojo si ésta es urgente.

• Grabe para usted mismo mensajes de voz o e-mails en caso de que necesite recordar algo para el día siguiente.

• Si es usted maestro, pida a sus alumnos que adhieran su nombre a sus escritorios. Ya no necesitará esforzarse para recordar los nombres de sus alumnos.

COMUNIQUE SU PADECIMIENTO

Al decidir si debe o no comunicar que padece TDA, tome en consideración las ventajas de informarle a su empleador. Primero, trate de hacer sus propias adaptaciones. Si necesita otras adaptaciones, trabaje directamente con su empleador. Buscar el recurso legal será la última opción. Tome en cuenta que la acción legal es un proceso largo y costoso.

Si padece usted TDA, estará protegido por el Acta de Discapacidades y por el Acta de Rehabilitación de 1973. Estas leyes prohíben la discriminación a causa de una discapacidad como el TDA. Para estar protegido por estas leyes, deberá informarle a su empleador que padece usted TDA. Intente dialogar directamente con su empleador antes de tomar en consideración una acción legal.

Ejercicio: Analice su historia laboral

Una de las mejores maneras de ayudarse a encontrar un trabajo ideal, es tomar en consideración los empleos que no le funcionaron. Por cada empleo que haya tenido, anote lo siguiente:
- Su puesto.
- Nombre de la empresa.
- Las fechas en las que realizó ese trabajo.
- Los motivos por los que dejó el empleo.
- Si le gustaba o no ese empleo y por qué.

Tal vez le resulte difícil recordar detalles específicos de todos sus empleos; pero lo más importante es identificar el por qué dejó cada empleo. Identifique en la lista un patrón en las razones para dejar los empleos.
- ¿Dejó sus empleos principalmente porque se aburría o porque fue despedido?
- ¿Dejó sus empleos en buenos términos o malos términos?

Una vez que sepa cuáles empleos le agradaban y cuáles no y por qué, podrá tomar una mejor decisión al elegir su futuro empleo.

En este capítulo conoció qué tipos de empleos son más propicios para las personas que padecen TDA. También aprendió a distinguir las reglas tácitas del lugar de trabajo y a cómo pedir lo que necesita de sus empleadores. En el capítulo 9 aprenderá más acerca de cómo utilizar las buenas habilidades sociales que le ayudarán a recorrer el camino hacia el éxito.

Fuentes

Bolles, R., y M. Bolles. 2004. *What Color Is Your Parachute? 2005: A Practical Manual for Job-Hunters and Career-Changers*. Berkeley: Ten Speed Press.

Tieger, P., y B. Barron-Tieger. 2001. *Do What You Are: Discover the Perfect Career for You Through the Secrets of Personality Type*. Tercera ed. Boston: Little, Brown.

Wall Street Journal
www.wsj.com
(800) 975-8609

9. MEJORE SU SOCIABILIDAD

En el capítulo 8 aprendió sobre la importancia del bienestar laboral. También sobre las adaptaciones que puede hacer de tal modo que su empleo se ajuste a su TDA. En este capítulo aprenderá sobre el bienestar social. El bienestar social incluye la capacidad para interactuar con diferentes tipos de personas, para comunicarse eficazmente y para cultivar amistades.

Reprima sus sentimientos de rechazo

Las personas que padecen TDA por lo general toman el rechazo como una ofensa personal. Esto puede provenir de la infancia, en caso de haberse sentido rechazado por otros niños. Tal vez era objeto de burlas, lo elegían al final para formar un equipo o no lo invitaban a las fiestas de cumpleaños. Lo más difícil tal vez era que no sabía por qué era tratado de esta manera.

¿Siente que no estaba usted en la fila el día que se repartieron los manuales para las habilidades sociales? ¿Le parece que todos conocen las reglas tácitas o un código secreto que no le han revelado? Como niño que padece TDA, probablemente no haya sido tan sociable como otros niños. Tal vez no haya sido capaz de prestar la atención suficiente a la conducta de otros niños. O tal vez haya sido castigado en la escuela quedándose en el salón durante el recreo, lo cual limitaba sus oportunidades para desarrollar sus habilidades sociales. Tal vez no tomaba medicamentos para controlar el TDA. Los medicamentos desarrollan enormemente la capacidad para aprender habilidades sociales. Las habilidades sociales son como cimientos de construcción. Si no es capaz de colocar con firmeza los primeros cimientos en la vida, resulta muy difícil —si no es que imposible— construir sobre ellos. Esta falta de conocimiento social lo puede llevar a sentir vergüenza, timidez, depresión o ansiedad. Cuando haya aprendido estas habilidades en este capítulo, podrá comenzar de nuevo a colocar los cimientos —y, esta vez, con éxito.

UTILICE SU CAPACIDAD PARA ESCUCHAR

La capacidad para escuchar es un conjunto de técnicas que le hacen saber a las personas que está usted prestando atención y entendiendo lo que están diciendo, llevándolo a cultivar relaciones enriquecedoras.

Escuche con su cuerpo

Siéntese directamente frente a la otra persona. Mantenga sus brazos y piernas sin cruzar. Al cruzar los brazos cuando escucha a alguien, pareciera que está usted aburrido o disgustado por lo que esa persona ha dicho. Haga contacto visual. Esto significa que estará viendo a la persona, pero no con la mirada perdida. Está bien desviar la mirada por algunos breves momentos. Utilice el lenguaje corporal para mostrarle a la persona lo que está sintiendo ante lo que ella le está contando. Si está de acuerdo, asienta con la cabeza. Si le parece increíble lo que le ha sucedido a esa persona, niegue con la cabeza. Al decir "ya veo" o "continúa" le hará saber a ella que está siguiendo la conversación.

Repita lo que alguien ha dicho

Parte de una buena relación es que ambos sientan que están siendo escuchados. Parafrasear significa repetir lo que alguien le ha dicho utilizando sus propias palabras. Por ejemplo, su amigo le dice: "Me siento terrible. Me dejaron plantado." Tal vez usted diga: "¡Vaya! ¿No se presentó?" El parafrasear les servirá de ayuda a usted y a su compañero de conversación. Es más probable que ponga usted atención y recuerde lo que su amigo acaba de decir y que su amigo sienta que lo está usted escuchando.

Esta técnica funciona también con las instrucciones que recibe. Es muy difícil para las personas que padecen TDA recordar instrucciones de varios pasos. Cuando la gente le dé instrucciones, intente decir: "Déjame asegurarme de que te entendí bien", y repita las instrucciones verbalmente. Ellas lo corregirán si no comprendió o si olvidó una de las instrucciones. Si se le dificulta recordar que debe repetir las instrucciones, dígale tanto a su jefe como a sus amigos que les agradecería si le piden a usted que repita las instrucciones que le den.

APRENDA A LEER LOS MENSAJES TÁCITOS

Existen dos tipos de comunicación: verbal y tácita. La comunicación verbal se refiere a las palabras y a las vocalizaciones que utiliza para comunicarse. Al asentir y decir: "Me siento tan frustrado" son ejemplos de comunicación verbal. La comunicación tácita se refiere a la manera en que se da a entender sin abrir la boca. Por ejemplo, una manera de expresar *Estoy tan frustrado* sin palabras, es colocar su cabeza en sus manos. Las personas no sólo hablan con palabras, sino que lo hacen con sus expresiones faciales y su lenguaje corporal. Por ejemplo, si alguien dice: "Realmente valoro tu opinión", mientras pone los ojos en blanco, lo más seguro será que no esté tan interesado en su opinión.

Reconocer la comunicación tácita es una de las funciones ejecutivas del cerebro, de las cuales aprendió algo en el capítulo 1. Las personas que padecen TDA tienen problemas para interpretar el significado de la comunicación tácita. Por ejemplo, tal vez está usted hablando demasiado y no percibe que la persona con la que habla está dándole un vistazo a su reloj o bostezando. Puesto que no lo percibe, entonces continúa usted hablando. Si alguien le está hablando, intente percibir no solamente su mensaje verbal sino el mensaje tácito. Esto puede requerir de cierta práctica; sin embargo, una vez que comprenda el significado de un mensaje tácito, será más fácil interpretarlo la siguiente vez.

DEJE UNA BUENA PRIMERA IMPRESIÓN

Si bien puede usted pensar que resulta algo superficial juzgar a alguien por su apariencia, es también una realidad en la vida. Las personas que padecen TDA pueden llevar la ropa arrugada porque olvidaron plancharla o simplemente porque no tuvieron tiempo de hacerlo. Intente comprar prendas de vestir libres de planchado. Son una buena inversión porque le ayudarán a dejar una buena primera impresión. Esto lo llevará a alcanzar un mayor éxito social y profesional.

BUSQUE LA MANERA DE COMPENSAR LAS DIFICULTADES SOCIALES

Si padece TDA y está enfrascado en una conversación, tal vez le resulte difícil saber cuándo está usted siendo socialmente inadecuado. Existen distintas maneras de controlar su comportamiento social. Algunas técnicas compensatorias incluyen prepararse antes de tener un contacto social, mientras que otras pueden ser utilizadas en mitad de una conversación.

A las personas que padecen TDA les puede parecer difícil determinar qué tan cerca pararse de la persona con la que están conversando. Tal vez se aproxime demasiado a la persona y ésta se aleja de usted. Entonces, usted se aproxima y ella se vuelve a alejar. Pronto estarán contra la pared.

Utilice la prueba del hula hula

Si bien la distancia social adecuada se determina por la cultura de una persona, la pauta general será aproximadamente del ancho de un "hula hula". Puede usted practicar esta distancia con un amigo y un "hula hula". Tenga una idea adecuada de la distancia que debe haber entre usted y la otra persona colocando un "hula hula" entre ambos. La próxima vez que se enfrasque en una conversación, observe si existe el espacio suficiente entre usted y la otra persona.

Deje saber a las personas cuando está usted cambiando el tema

Algunas veces tal vez incluya en la conversación algún comentario que está fuera del tema del que se está hablando. Quizás la conversación comenzaba a aburrirle o sentía que si no sacaba el tema a relucir rápidamente, lo olvidaría. La otra persona tal vez tenga dificultad para seguir un tema que parece haber surgido de la nada. Si va a cambiar de tema o va a cambiar el rumbo de la conversación, haga una advertencia verbal. Simplemente diga: "Cambiando de tema..." o "Te cambiaré el tema". Esto le dará a la otra persona tiempo para adaptarse y le agradecerán su consideración.

Utilice una señal tácita

Cuando conversa con un grupo reducido de personas, tal vez suele divagar, hablar demasiado alto o interrumpir a los demás. Una manera intrusiva de saber cuándo comete estas faltas, es inventar señales tácitas con un amigo. Su amigo entonces podrá utilizar estas señales (por ejemplo, rascar su nuca, frotar su oreja o toser) cada vez que muestre usted una de estas conductas ofensivas. Lo bueno de esto es que sólo usted y su amigo percibirán las señales. Designe una señal diferente a cada "infracción social" de tal manera que sepa exactamente lo que necesita usted corregir.

Cuide su tono de voz

¿Alguna vez le han dicho que está usted hablando demasiado alto o demasiado rápido? Si padece TDA, tal vez le resulte difícil llevar un buen ritmo. Pareciera como si las palabras y el volumen de la conversación fuesen un tren en huida. Observe las señales que la gente muestra cuando habla usted demasiado alto. Tal vez retroceden o se disculpan y se alejan. Si las personas le piden que hable más lentamente, ésta será la señal de que está usted hablando demasiado rápido. Tal vez puede percibir que prestan demasiada atención a lo que está usted diciendo. Puede pedirle a un amigo que le diga si está usted hablando demasiado rápido.

Aprenda a reconocer el momento en que interrumpe a los demás

Una de las características del TDA es la necesidad de dar a conocer una idea tan pronto como surge en nuestra cabeza antes de que la olvidemos. Algunas veces, esta necesidad provoca que las personas que padecen TDA interrumpan a los demás. Si se descubre a sí mismo interrumpiendo a los demás, interrumpa lo que está usted diciendo y ofrezca una disculpa. Asimismo, puede decirle a sus compañeros de conversación que tiene una idea que necesita comunicarles o, de lo contrario, se le olvidará. Los medicamentos para controlar el TDA suelen ayudar mucho a las personas que cometen interrupciones. Ayudan a retener las ideas hasta que les toca el turno de hablar. De igual manera, disminuyen la impulsividad, de tal forma que resulta más fácil proponerse no interrumpir.

Aprenda el arte de la charla breve

Enfrascarse en la charla breve no sólo le permite conocer nuevas personas sino que le ayuda a ampliar su red de contactos. La charla breve es el arte de iniciar una conversación con las personas sobre temas intrascendentes. Tal vez piense: No tengo el tiempo ni la paciencia para la charla breve. ¿Cuál es el punto? El punto es éste: Usted no arrancaría su auto en quinta, ¿verdad? Hará mayores progresos si conoce a alguien de manera gradual que si le comunica de inmediato lo que requiere de ella. A una persona le parecería una insolencia que comenzara usted una conversación diciendo: "¿En su empresa están contratando personal?" La charla breve les permite a las personas cultivar las relaciones sociales. Ésta forma parte del baile social en el que todos participamos.

Puede usted iniciar una charla breve con alguien que lo ignora o le da una respuesta muy corta y después se aleja. No tome esto como una ofensa personal. Algunas personas no responderán de manera positiva a la charla breve. Tal vez sean tímidas o sí sean capaces de escucharlo. Simplemente inténtelo con otra persona. Si está usted en compañía de un amigo, pregúntele cómo se desempeñó con su charla breve. Su amigo puede ofrecerle una valiosa retroalimentación y tal vez pueda explicarle por qué una persona respondió de cierta manera.

Aprenda a reconocer cuándo termina una conversación

Tal vez le resulte difícil percibir las señales que las personas utilizan cuando han terminado de conversar con usted. Quizá le mencionen que tienen que ir por alguna comida o bebida. Ésta no es una invitación para que las acompañe, a menos que así lo expresen. Quizás le digan que fue un placer platicar con usted o que le hablarán más tarde. Puede usted decir también que es el momento de terminar la conversación cuando perciba que las personas están viendo a su alrededor o pierden contacto visual con usted. Si percibe usted estas actitudes tácitas, diga amablemente: "Fue un placer encontrarte", y retírese.

Evite el olvidar nombres

A las personas que padecen TDA les puede resultar difícil recordar los nombres de las personas. Algunas veces puede estar usted tan concentrado en dejar una buena impresión y en mostrar buenas habilidades sociales, que el nombre de la persona con la que acaba de encontrarse se le escapa de la mente.

Digamos que un amigo se une a la conversación y desea conocer a la persona con la que está usted conversando. ¿Cómo puede presentar a alguien de quien ha olvidado el nombre? Existen algunas soluciones para superar este problema. Primero, simplemente puede presentarle a su amigo a la persona de quien no puede recordar el nombre ("Te presento a Jane"). O simplemente ser honesto y decir: "Lo siento. Se me dificulta aprender nombres. ¿Te importaría volver a decirme tu nombre?" Las personas por lo general apreciarán su honestidad y siempre será mejor que llamar a una persona por otro nombre. Otra técnica es decirle a las dos personas: "Los dejaré que se presenten ustedes mismos." Por último, puede usted retirarse un momento y, discretamente, preguntar a alguien más el nombre de esa persona.

Cuando conozca a alguien por primera vez, repítale su nombre. Esto fija el nombre de la persona en su mente. Por ejemplo, si un colega dice: "Hola, soy Jim. Gusto en conocerte." Usted respondería: "Hola, Jim. También me da gusto conocerte." Tal vez resulte extraño al principio utilizar un nuevo método para hablar con las personas, pero con el tiempo resultará más fácil.

No sólo las personas que padecen TDA pueden tener dificultad para recordar nombres; pueden tener dificultad para reconocer a las personas. A esto se le conoce como ceguera facial. Si a usted se le dificulta reconocer a las personas, sea honesto y diga que le resulta difícil asociar los nombres con las caras. Ser honesto con otra persona puede ayudarle a disminuir su grado de tensión.

APRENDA A SER ASERTIVO

Al igual que muchas personas que padecen TDA que han sufrido antiguos rechazos y desean desesperadamente hacer amigos, tal vez se le dificulte exigir sus derechos. Tal vez no quiera enfadar a las personas por temor a ya no parecerles agradable; sin embargo, no estará siendo justo con usted mismo ni con los demás si les permite tratarlo de manera negativa. Muchas veces, las personas que padecen TDA piensan que la otra persona tiene la razón, no ellas. A esto se le llama ser pasivo. Usted respeta más las necesidades de los demás que las propias. Le permite a la gente aprovecharse de usted y no exige sus derechos. Lo opuesto de ser pasivo es ser agresivo. Aquí, se piensa que la otra persona está equivocada, no usted. Respeta más sus necesidades que las de los demás. Una persona agresiva puede no mostrar respeto por los demás, suele ponerles apodos o, incluso, se mezcla en un combate físico. El objetivo es estar en el punto medio, entre lo pasivo y lo agresivo. A este punto medio se le llama ser asertivo. Esto significa que se piensa que ambos están en lo correcto. Respeta tanto a la otra persona como a sí mismo.

Utilice afirmaciones tales como "yo siento"

Utilizar afirmaciones tales como "yo siento" es una buena técnica de aserción. Digamos que su amigo lo ha invitado al cine. Su amigo dice: "Vamos a ver *El Festival de Terror y Sangre* en el megacinema. A usted realmente no le agradan las películas de terror. Una respuesta pasiva sería: "Seguro, vamos". Sin embargo se sentiría incómodo viendo la película. Una respuesta agresiva sería: "No puedo creer que veas esas películas tan desagradables. ¿Qué clase de loco eres?" Le estará dejando saber a su amigo que no desea ver esa película; sin embargo, también lo estará criticando y cuestionando su buen juicio. Una respuesta asertiva sería: "Realmente no me agrada ver películas de terror. ¿Por qué mejor no vamos a ver una comedia?" De esta manera, le estará dejando saber a su amigo que no le interesan las películas de terror, pero que aun así le gustaría pasar un rato con él. Asimismo, estará ofreciendo una alternativa que tal vez ambos disfruten.

Para conocer más sobre las habilidades asertivas, consulte el final del capítulo.

APRENDA LA BUENA ETIQUETA

Si se siente socialmente torpe, aprender la buena etiqueta puede facilitarle las cosas. Al aprender la buena etiqueta, sabrá cómo sostener adecuadamente el cuchillo y el tenedor y cómo responder amablemente a otra persona. Puede aprender la buena etiqueta a través de libros o lecciones por parte de su comunidad. Consulte el final de este capítulo para conocer las fuentes para aprender la buena etiqueta. En este capítulo aprenderá dos de las partes más importantes de la buena etiqueta social: ser cortés y decir la verdad de manera diplomática.

Sea cortés

Las buenas habilidades sociales incluyen el sentido de gratitud hacia los demás. Cuando alguien le entregue un obsequio, escriba una nota de agradecimiento el mismo día. En ocasiones tales como una fiesta de cumpleaños o despedidas, pídale a alguien que anote una descripción de cada obsequio y el nombre de la persona que le dio el obsequio.

Siempre tenga a la mano tarjetas de agradecimiento de tal manera que pueda escribir las notas lo más pronto posible. Al escribir una nota de agradecimiento, describa primero el obsequio. Esto le demostrará a la persona que le entregó el obsequio que puso usted una especial atención en su nota de agradecimiento, así como su aprecio por el obsequio. Después, anote la forma en la que lucirá el obsequio. Por último, vuelva a agradecerle a la persona que le entregó el obsequio. Éste es un ejemplo:

Querida tía Sadie:

Muchas gracias por el precioso cisne hecho con palillos. Lo he colocado en la vitrina junto con mi porcelana para que todo el mundo lo vea. Te agradezco nuevamente el obsequio tan detallista.

Con amor,
Stephanie

Aun y cuando no le guste un obsequio, agradezca a la persona que se lo entregó. El obsequio no es lo que importa sino el detalle de darlo. Un pequeño agradecimiento hace una gran diferencia. Cuando alguien lo invite a cenar o a una reunión en su casa, lleve un obsequio para el anfitrión. Las ideas de un buen obsequio incluyen una botella de vino, un ramo de flores o un marco para una fotografía. También puede preguntarle al anfitrión de antemano qué comida le gustaría que usted llevara. Asimismo, escriba una nota de agradecimiento después de la fiesta.

Diga la verdad de manera diplomática

Las personas que padecen TDA suelen ser las personas más honestas —a veces al punto de decir las cosas de una manera demasiado dura—. Ser diplomático significa ser capaz de dejar en claro su opinión sin tener que incomodar a nadie. Significa que puede ser honesto sin ser cruel. Si una amiga le pregunta si le gusta su vestido, sería grosero responder diciendo: "Sabes, te ves realmente mal vestida de rojo." Sin embargo, podría decir: "Creo que prefiero el vestido azul." Esto resulta más eficaz y deja en claro su opinión al mismo tiempo. Aún sigue siendo honesto, simplemente lo está siendo de una mejor manera.

Ejercicio: Interpretación de las situaciones sociales

Reúnase con un amigo que tenga buenas habilidades sociales. Utilizando una técnica llamada interpretación, podrá personificar una situación social antes del evento real. Usted hará el papel de sí mismo y su amigo hará el de otra persona. Interprete las siguientes situaciones:

- Se está usted presentando ante los nuevos socios de un negocio.
- En un bar, observa a una persona atractiva a quien le gustaría conocer.
- Accidentalmente se tropieza con alguien que pasa junto a usted.
- Acude usted a la tintorería para recoger sus prendas y no le hacen el descuento que le prometieron la última vez.
- Necesita hablar con alguien que está conversando con otra persona.

A continuación, pida a su amigo que haga una crítica de su "desempeño". ¿Qué hizo usted bien? ¿Qué necesita corregirse? Después cambien los papeles. Deje que su amigo haga el papel de usted mientras usted hace el papel de la otra persona. Observe cómo maneja su amigo estas situaciones sociales. Discutan después las técnicas que su amigo utilizó. Hable con su amigo sobre el por qué dijo tal o cual cosa o actuó de tal o cual manera. Aprenderá mucho de este ejercicio de "aparentar".

En este capítulo, ha aprendido a pulir sus habilidades sociales, un área en la que las personas que padecen TDA suelen encontrar mucha dificultad. Recuerde premiarse a sí mismo ante cualquier progreso que haga. Si en algún momento no se siente seguro sobre cómo proceder socialmente, observe a los demás. La observación suele ser la mejor lección. Desafíese usted mismo a participar activamente en situaciones sociales. Aun y cuando se equivoque, estará bien y aprenderá de la experiencia.

Las buenas habilidades sociales lo llevan a cultivar relaciones importantes. En el capítulo 10, aprenderá a enriquecer estas relaciones a través de una comunicación eficaz y de las habilidades que fomentan la intimidad. Asimismo, conocerá la importancia de la reciprocidad social.

Fuentes

Alberti, R.E., y M.L. Emmons, 2001. *Your Perfect Right: Assertiveness and Equality in Your Life and Relationships*. Octava edición. Atascadero, Calif.: Impact Publishers.

Novotni, M. 1999. *What Does Everyone Know That I Don't? Social Skills Help for Adults with Attention Deficit/Hyperactivity Disorder (AD/HD)*. Plantation, Fla.: Specialty Press.

Post, P. 2004. *Emily Post's Etiquette*. 17a edición. Nueva York: Harper Resource.

10. ENRIQUEZCA SUS RELACIONES

En el capítulo 9 aprendió las técnicas para mejorar sus habilidades sociales. Las habilidades sociales son los cimientos de toda relación. Si bien las habilidades sociales le pueden ayudar a cultivar las relaciones, el conservarlas puede resultarle difícil si padece usted TDA.

Las personas que padecen TDA suelen divorciarse en más ocasiones y pasar por varios matrimonios (Weiss, Hechtman y Weiss, 1999). Esto podría deberse a que las personas que no padecen TDA con frecuencia malinterpretan la conducta de un compañero que sí lo padece. Por ejemplo, una mujer cuyo esposo padece TDA podría pensar que a él no le interesa ella porque olvidó su cumpleaños. Esta tendencia a divorciarse y casarse repetidamente tal vez se deba al hecho de que las personas que padecen TDA se aburren fácilmente y les gusta la variedad. Esto puede llevarlas a tener aventuras extramaritales, lo cual conlleva a un divorcio. O también las personas que padecen TDA pueden divorciarse simplemente porque están aburridas y desean seguir adelante.

En este capítulo, aprenderá algo sobre las relaciones que enfrentan las personas que padecen TDA.

Aprenderá las técnicas preventivas que le ayudarán a cultivar relaciones sanas y duraderas.

TENGA EN CUENTA QUE SUS ACCIONES PUEDEN SER MALINTERPRETADAS

El olvido, la interrupción y la precipitación pueden ser interpretados como rudeza y descuido por otras personas. Sin embargo, estas conductas se relacionan con el padecimiento de TDA. Si bien este padecimiento no es una excusa para manifestar estas conductas, sí le da una idea del porqué actúa usted como lo hace.

Ya que la mayoría de las personas no padece TDA, estas conductas no son consideradas como algo aceptable en sociedad. Otras malas interpretaciones de sus actitudes pueden afectar sus relaciones. Suponga que ha olvidado pasar por leche a la tienda. Su esposa tal vez lo tome como una ofensa personal, creyendo que no le importa lo que le pidió que hiciera. Sin embargo, usted sabe que olvidó comprar la leche simplemente porque estaba tratando de acordarse de varias cosas al mismo tiempo.

Cuando su esposa le pida algo, utilice la técnica que aprendió anteriormente: repita lo que su esposa le ha pedido. Esto no solamente le ayudará a usted a aclarar lo que su esposa necesita de usted sino que asegura la información en su cabeza. Asimismo, demuestra que está escuchando y que se preocupa por las necesidades de su esposa.

Explique a los demás en qué consiste el TDA

Las personas se sienten agobiadas y frustradas por las cosas que no comprenden. Existe la posibilidad de que las personas importantes en su vida no conozcan los síntomas y las conductas ligadas con el padecimiento del TDA. Al enseñarles a los demás de lo que se trata el TDA, abrirá una nueva puerta hacia una mejor comunicación y entendimiento.

Obséquieles a sus seres queridos este libro. Dígales que les ayudará a entender cómo son las cosas en el "mundo del TDA". Hágales saber que comprende el hecho de que se sientan frustrados cuando usted hace tal o cual cosa. Hágales saber que estos sucesos son igualmente frustrantes para usted y que no está tratando de disgustarlos. Asimismo, pídales que lean los libros y que consulten los sitios en Internet que se encuentran numerados al final del capítulo 1.

Haga la pregunta mágica

La próxima vez que alguien se disguste con usted y usted no sepa lo que hizo para causar un disgusto en esa persona, pregunte: "¿Qué necesitas de mí en este momento?" Esto le dará a la persona la oportunidad de pensar en una solución y ayudará también a disminuir el enojo. La respuesta de la persona ayudará a aclarar lo que sucedió. Tal vez descubra que la persona ni siquiera estaba disgustada con usted después de todo. También puede resultar útil que sus seres queridos le hagan esa pregunta, cuando no estén seguros de lo que usted necesita.

Aprenda a percibir cuando está usted personificando

Las personas que padecen TDA suelen ser muy sensibles al rechazo. Asimismo suelen ser sensibles al estado de ánimo de los demás. Tal vez piense que alguien está disgustado con usted cuando, en realidad, su estado de ánimo no tiene nada qué ver con usted. Cuando se tiene la sensación de que alguien lo vio de "mala manera" porque tal vez le causó algún daño, entonces está usted personificando. Le está atribuyendo un significado al comportamiento de alguien más. Es fácil caer en la trampa de la personificación cuando tiene dificultad para aceptar la crítica y el rechazo. Recuerde que no siempre tiene que tomar las cosas como una ofensa personal. Incluso si alguien se disgusta con usted, puede ser problema de la otra persona, no suyo.

Responda de manera efectiva a la pregunta justificatoria

Algunas veces se encontrará con amigos o familiares que piensan que en realidad no padece usted TDA y que está utilizando la etiqueta del TDA como una excusa o justificación para su conducta. Si les explica que comete las interrupciones porque padece TDA, tal vez respondan: "¿Puedes aceptar la responsabilidad de tus actos o simplemente le echas la culpa al TDA?" Una respuesta asertiva sería: "Estoy aceptando la responsabilidad al decirte que padezco TDA. Si bien eso no es una excusa para mi comportamiento, con esto intento darte una idea de por qué actúo como lo hago."

Tal vez también haya personas que le digan que no padece usted TDA, que simplemente es usted flojo y desmotivado. Puede ser algo especialmente doloroso si es un ser querido quien le hace esta crítica, puesto que sabe lo difícil que es para usted tratar de compensar su padecimiento. Podría responder de esta manera: "Decirme que soy flojo no me ayuda en nada. Me siento lastimado cuando alguien piense que soy flojo porque estoy trabajando muy duro por lograr que mi vida sea mejor". El darle a su respuesta la afirmación "siento" es una manera eficaz de decirle a alguien cómo se siente.

APRENDA LA RECIPROCIDAD SOCIAL

La reciprocidad social es simplemente una manera elegante de decir: "si haces algo por mí, yo haré algo por ti." A menudo, las personas que padecen TDA dan o toman demasiado de las relaciones. Esto puede llevar a una relación desequilibrada. Para comprender la reciprocidad social, tome en consideración el concepto de dinero en el banco.

Coloque dinero en el banco

Cuando acude al banco a depositar dinero, lo que espera es poder retirar ese dinero en el momento en que lo necesite. ¿Pero qué sucedería si acudiera al banco y le dijeran que no hay dinero en su cuenta? No podría realizar ningún retiro. Eso mismo sucede con las relaciones.

Cuando le pide un favor a un amigo, está retirando dinero de su banco. Si no ha depositado dinero en la cuenta de su amigo apoyándolo o siendo amable con él, es muy probable que no le permita sacar dinero de su cuenta de banco (hacerle favores). Cuide su "saldo" de la cuenta bancaria de otras personas. Una relación sana equilibra el dar y recibir.

Evite que las personas se aprovechen de usted

También puede suceder lo contrario: puede dar demasiado dinero. Cuando se padece TDA y se tiene dificultad para hacer amigos, quizá desea agradarle a otras personas. Un amigo puede pedirle ayuda una y otra vez, pero cuando usted necesita un favor de él, no lo hace. En vez de ayudarlo y después disgustarse porque nunca hace lo mismo por usted, pregúntese si esta relación es sana.

APRENDA A TRANSIGIR

Hay un proverbio que dice: "Puedes estar casado o tener razón". Transigir significa que todos ganan. Sin embargo, ambos deben estar dispuestos a hacer cambios a fin de transigir. Existen dos áreas en las que tal vez necesite transigir en su relación: las actividades que ambos pueden disfrutar y los quehaceres del hogar.

Busque actividades que todos disfruten

Para la mayoría de las personas, las vacaciones ideales serían pasarla relajadas y "haciendo nada". Sin embargo, unas vacaciones como éstas podrían irritar a una persona que padece TDA. Tal vez preferiría estar ocupado haciendo algo casi todo el tiempo. Incluso tal vez hasta empaque más cosas para no aburrirse.

Sin embargo, usted y sus seres queridos pueden transigir. Pueden buscar unas vacaciones que incluyan el aprendizaje y las actividades mientras fomentan la relajación. Las "vacaciones de aprendizaje" incluyen actividades tales como cursos de cocina, recorridos culturales, balnearios, arqueología y estudio de la naturaleza. Este tipo de vacaciones ofrecen lo mejor de ambos mundos: ofrecen una estimulación intelectual y actividades para las personas que padecen TDA y, al mismo tiempo, resultan relajantes para los demás miembros de la familia.

Delegue los quehaceres del hogar

En el capítulo 5 aprendió que delegar tareas es importante para la buena administración del tiempo. Si bien la repartición de las tareas es una buena idea, tal vez no le resulte fácil recordar hacerlas. Para no olvidarlas, coloque un recordatorio adherido a la puerta de su refrigerador. Siéntese con su pareja y decidan qué tareas prefieren hacer cada uno. Tal vez usted prefiera limpiar el piso que lavar la ropa.

Si la cantidad de tareas parece algo agobiante, tal vez usted y su pareja puedan dejar algunas cosas como están. ¿Es realmente importante que los muebles de la cocina estén limpios todos los días? Si le resulta fácil pagarlo, contrate un servicio de limpieza para un día a la semana. Su tranquilidad en casa valdrá el gasto.

CONTROLE SU IRA

En el capítulo 7 aprendió cómo las personas que padecen TDA pueden tener dificultades con el enojo. Las reacciones de enojo pueden suceder más rápidamente en las personas que padecen TDA. Las cosas que en realidad no les molestan a otras personas, lo pueden disgustar a usted mucho. Las personas suelen descargan su enojo con quienes están más cerca de ellas: sus familiares. Para las personas que padecen TDA, el enojo puede ser como un tren que sale en huída derribando las barricadas. No saben el daño que han ocasionado hasta que es demasiado tarde.

Tómese un tiempo fuera

Descargar su enfado en sus seres queridos puede, al principio, parecer un alivio y puede sentirse bien durante algún tiempo. Sin embargo, después de que se ha tranquilizado, sentirá culpa y remordimiento. Su familia puede sentirse traumatizada por su temperamento.

Ésta es una manera de prevenir una disolución. Si siente que está a punto de perder los estribos, tómese un tiempo fuera. Tenga en casa una habitación a la cual pueda retirarse cuando se sienta enfadado. Deje saber a su familia con anticipación que si se encuentra usted ahí con la puerta cerrada, no deben molestarlo y pídales que le permitan permanecer ahí todo el tiempo que usted requiera. Cuando sienta que está listo para hablar con la persona que lo disgustó, utilice las afirmaciones "yo siento".

Tal vez visite con familiares o amigos un sitio donde se sienta agobiado. Esto podría suceder en una tienda en donde haya mucha estimulación sensorial: luces brillantes, anuncios por intercomunicación y multitudes. Si siente que está llegando a un punto de sobrecarga sensorial, dígale a las personas con las que se encuentra que necesita un descanso porque comienza a sentirse abrumado. Dígales que esperará afuera o en el auto. Explique si necesita ir a casa o si está bien pasar con ellas un rato más en la tienda. Es mejor disculparse que quedarse en la tienda y volverse cada vez más irritable.

Programe las peleas

Las mejores relaciones no son aquellas a las que les faltan argumentos; de hecho, las parejas que argumentan eficazmente tienen mayores posibilidades de tener una relación exitosa. Discutir eficazmente es la clave. ¿Ha sentido que discute con su pareja sobre los mismos temas una y otra vez sin llegar nunca a una conclusión? El objetivo de la argumentación eficaz es hacer escuchar su punto de vista esperando llegar a un acuerdo.

Programen un "tiempo de argumentación" una vez a la semana. Elijan el tema con antelación. Programen entonces una alarma a los quince minutos. Utilizando las afirmaciones del tipo "yo siento" que aprendió en el capítulo 9, diga cómo se siente con respecto al tema que están abordando. Cuando suene la alarma, será el turno de hablar de su pareja —aun y cuando no haya usted terminado de hablar—. Vuelva a programar la alarma a los quince minutos. Su pareja, entonces, utilizará las afirmaciones del tipo "yo siento" para describir cómo se siente con respecto al tema que están abordando. Cuando suene la alarma, habrán terminado de discutir el tema. Aunque no hayan llegado a alguna solución en el transcurso de esos treinta minutos, estarán discutiendo sus sentimientos y abriendo las vías de comunicación. Al final, llegará la solución. Programar una argumentación coloca los cimientos para una buena comunicación y habrá menos probabilidades de que haya una gran pelea en la que ambos terminen por ignorarse mutuamente.

Admita cuando esté equivocado

Las personas que padecen TDA tienden a defenderse apasionadamente aunque se den cuenta de que están equivocadas. Algunas personas que padecen TDA son intensamente obstinadas. Disculparse no significa que acepta el comportamiento de la otra persona o que está de acuerdo con su opinión. Al disculparse, está diciendo que actuó de una manera injusta o desconsiderada hacia la otra persona. Si siente que ha ofendido a alguien, ofrezca una disculpa. Las palabras son simples pero el impacto en su relación será enorme.

No le diga a alguien: "te lo dije" aun y cuando sepa que tiene la razón. Esto disgusta a la otra persona y no ayuda a ninguna de las dos. Tal vez la otra persona ya sepa que está usted en lo correcto. No se lo eche en cara.

BUSQUE UNA PAREJA QUE SEA COMPATIBLE

Puede ser difícil encontrar una pareja que sea compatible aun sin considerar cómo afectará el TDA a su futura relación. Puesto que las personas que padecen TDA suelen verse totalmente absorbidas por una relación que está en marcha, siempre es mejor comenzar con una clara idea de lo que busca en una pareja, incluyendo si prefiere o no a alguien que padece o no TDA. Definir lo que busca usted en una pareja aumenta sus probabilidades de alcanzar el éxito en una relación.

Saque una hoja de papel y escriba todo lo que está buscando en una pareja. Algunas ideas incluyen: que se lleve bien con mi familia, que le guste viajar, que sepa cocinar o que le gusten los deportes al aire libre. Incluso podría anotar que a su pareja ideal le debe gustar su perro. Mientras más específico sea, mejor.

La próxima vez que piense que ha conocido a ese alguien tan especial, revise esta lista y vea qué tanto se ajusta esta persona a su criterio de búsqueda. Decida si los rasgos que no se ajustan son rasgos que puede pasar por alto. Dependerá de qué tan importantes sean para usted esas características.

MEJORE LA INTIMIDAD SEXUAL CON SU PAREJA

Las personas que padecen TDA son más propensas a tener amoríos —asimismo, por lo contrario, a tener poco ímpetu sexual—. Los amoríos suelen surgir porque una persona que padece TDA se aburre rápidamente de una relación. Muchas personas que padecen TDA comienzan las relaciones de una manera apasionada, involucrándose con enorme intensidad.

La vida sexual de una persona que padece TDA presenta un interesante dilema. ¿Cómo tener una vida sexual variada y aun serle fiel a su pareja? Puede seguir siendo fiel y tener variedad; ambos conceptos no son independientes. Usted puede tener variedad en su vida sexual si practica distintas posiciones sexuales y distintos lugares. A algunas personas que padecen TDA no les agrada ser tocadas en el mismo sitio y de la misma manera una y otra vez. Intente preguntar a su pareja con el fin de variar el tipo de caricias.

Tener poco ímpetu sexual significa que no siente interés en el sexo —como si no valiera el esfuerzo—. La depresión, que con frecuencia acompaña al padecimiento del TDA, puede provocar un bajo ímpetu sexual. Asimismo, puede sufrir de bajo ímpetu sexual al no poder prestar atención y concentrarse durante el sexo. Es vital que explique a su pareja que su bajo ímpetu sexual se debe a razones que no están relacionadas con la atracción que siente por ella. De igual manera, tal vez le resulte difícil alcanzar el orgasmo al no poderse concentrar. Consulte con su médico en caso de padecer de bajo ímpetu sexual o si tiene dificultad para concentrarse. Los medicamentos, como los que conoció en el capítulo 2, pueden ayudarle a recuperar su nivel de concentración.

Los largos períodos de actividad sexual pueden provocarle una sensación de agobio o de sobrecarga sensorial. Tal vez necesite participar en la actividad sexual por cortos periodos de tiempo, de tal manera que no pierda la concentración. Una mejor comunicación con su pareja puede mejorar su vida sexual.

Evite un embarazo no planeado

Cada año, muchas personas que padecen TDA se enfrentan a embarazos no planeados. Un embarazo no planeado aumenta enormemente la tensión de una relación. Los embarazos no planeados suelen ser más comunes en las personas que padecen TDA, por dos razones. Primero, si a una mujer que padece TDA se le prescriben pastillas anticonceptivas, tal vez no recuerde tomar la píldora cada noche. Segundo, las personas que padecen TDA son impulsivas y, arrastradas por la pasión, pueden olvidar o, incluso, elegir deliberadamente no utilizar un preservativo. Esto no solamente aumenta el riesgo de tener un embarazo no planeado sino que aumenta también el riesgo de contraer enfermedades de transmisión sexual.

Si bien los preservativos son la mejor manera de evitar la transmisión de enfermedades venéreas, tal vez lo que desea es utilizar un método anticonceptivo de menor cuidado, un método que no necesite tomarse cada día ni que tenga que utilizarse cada vez que tiene una relación sexual. Los métodos anticonceptivos de menor cuidado incluyen

- Depo-Provera (medroxiprogesterona), inyección de hormonas que se aplican cada tres meses.
- Lunelle (acetato de medroxiprogesterona y cipionato de estradiol), inyección de hormonas que se aplican cada mes.
- Dispositivo intrauterino (DIU), el cual es insertado en el útero por un médico.
- Esterilización, como la ligación de las trompas en las mujeres y la vasectomía en los hombres (en la mayoría de los casos, la esterilización no es reversible).

BUSQUE AYUDA EXTERNA

Tal vez perciba que ha tratado de mejorar sus relaciones o su calidad de vida sin lograr muchos progresos. Una tercera persona puede ayudarles a usted y a su pareja a solucionar sus problemas de pareja. Puede encontrar ayuda disponible cuando sienta que su relación está atravesando por una crisis o que se ha vuelto destructiva.

La asesoría es una forma de obtener ayuda no sólo para usted sino también para su familia. Existen consejeros que se especializan en trabajar con parejas y familias. Cuando contacte por primera vez a un consejero, pregunte si tiene experiencia en ayudar a las personas que padecen TDA. Puede buscar consejeros que se especialicen en el padecimiento del TDA en la página de Internet que se encuentra al final de este capítulo.

Pregunte al consejero sobre la cuota por cada sesión. Asimismo, puede preguntarle si acepta los servicios de un seguro o si al pagar en efectivo podrá recibir un comprobante que pueda entregar a la compañía aseguradora para su reembolso. El monto del reembolso (si es que aplica) depende de su compañía aseguradora. Esté consciente de que si entrega una reclamación de seguro, la información –incluyendo su diagnóstico– podría afectar sus posibilidades de recibir un seguro médico, de vida o de discapacidad en el futuro.

En este capítulo aprendió cómo mejorar sus relaciones y la comunicación con su familia y amigos. A lo largo de este volumen, ha aprendido cómo el padecer TDA podría afectarle y lo que puede hacer para mejorar su calidad de vida. El siguiente ejercicio le ayudará a tener algunas ideas sobre lo que ha aprendido desde el momento de comenzar a leer este libro.

Ejercicio: Analice cuánto ha aprendido

Cuando comenzó a leer este libro, tal vez lo que usted buscaba eran respuestas y consejos acerca del TDA y sobre los desafíos que este padecimiento presenta. Es momento de analizar lo que ha aprendido. Usted ha conocido

- Los síntomas del TDA.
- Los mitos y realidades del TDA.
- Los medicamentos disponibles para tratar el TDA.
- Las estrategias para mejorar sus habilidades de organización.
- El método para evitar perder sus pertenencias.
- Cómo mejorar su habilidad para administrar el dinero.
- La manera de conservar el bienestar y el equilibrio en su vida.
- La forma de encontrar la profesión que se adapte mejor a usted.
- El camino para mejorar sus habilidades sociales.
- La manera de enriquecer sus relaciones.

Ahora conteste las siguientes preguntas:
- ¿Cuál era su concepto del TDA cuando comenzó a leer el libro?
- ¿Cómo cambió su concepto?
- ¿Qué trasformaciones ha visto en usted mismo desde que comenzó a leer el libro?

- ¿Qué cambios ha percibido en sus familiares y amigos desde que comenzó a leer el libro?
- ¿Qué es lo más importante que ha aprendido acerca del hecho de padecer TDA?
- ¿En qué áreas necesita trabajar?
- ¿Qué objetivos le gustaría alcanzar dentro de un año?
- ¿Qué objetivos le gustaría alcanzar dentro de cinco años?

Cada vez que tenga dificultad en un área específica de su vida, consulte de nuevo este libro y repase su lista de objetivos, de tal manera que pueda avanzar por el camino adecuado. Recuerde que lo que importa en su vida es su recorrido, no su destino.

Fuentes

Gottman, J. 1994. *Why Marriages Succeed or Fail and How You Can Make Yours Last.* Nueva York: Fireside.

Gottman, J., y N. Silver. 2000. *The Seven Principles for Making Marriage Work: A Practical Guide from the Country's Foremost Relationship Expert.* Nueva York: Three Rivers Press.

REFERENCIAS

Altfas, J. R. 2002. *Prevalence of attention-deficit/hyperactivity disorder among adults in obesity treatment.* BMC Psychiatry 2 (1): 9.

Barkley, R. A., M. Fischer, L. Smallish y K. Fletcher. 2002. *The persistence of attention-deficit/hyperactivity disorder into adulthood as a function of reporting source and definition.* Journal of Abnormal Psychology 111:279-89.

Conners, C. K., D. Erhardt y E. Sparrow. 1999. *Conners' Adult ADD Rating Scales (CAARS).* Tonawanda del Norte, N.Y.: Multi-Health Systems, Inc.

Consumers Union of the United States. *Extended warranties: Say yes, sometimes.* 2005. Consumer Reports, enero.

Kaufman-Scarborough, C., y J. Cohen. 2004. *Unfolding consumer impulsivity: An existential-phenomenological study of consumers with attention deficit disorder.* Psychology and Marketing 21 (8): 637-69.

Michelson, D., L. Adler, T. Spencer, F. W. Reimherr, S. A. West, A. J. Allen, D. Kelsey, J. Wernicke, A. Dietrich y D. Milton. 2003. *Atomoxetine in adults with ADHD: Two randomized placebo-controlled studies.* Biological Psychiatry 53 (2): 112-20.

Orman, S. 1997. *The Nine Steps to Financial Freedom: Practical and Spiritual Steps so You Can Stop Worrying.* Nueva York: Crown Publishers.

Pary, R., S. Lewis, P.R. Matuschka y S. Lippman. *Attention deficit/hyperactivity disorder: An update.* Southern Medical Journal 95:743-59.

Quinlan, D. M. 2000. *Assesment of attention-deficit/hyperactivity disorder and comorbidities, en Attention Deficit Disorders and Comorbidities en Children, Adolescents and Adults,* editado por T. E. Brown. Washington, D.C.: American Psychiatric Association.

Schlenger, W. E., J. M. Caddell, L. Ebert, B. K. Jordan, K. M. Rourke, D. Wilson, L. Thalji, J. M. Dennis, J. A. Fairbank y R. A. Kulka. 2002. *Psychological reactions to terrorist attacks: Findings from the National Study of Americans' Reactions to September 11.* Journal of the American Medical Association 288 (5): 581-88.

Secnik, K., A. Swensen y M. J. Lage. 2005. *Comorbidities and costs of adult patiens diagnosed with attention-deficit/hyperactivity disorder.* Pharmacoeconomics 23 (1): 93-102.

Smith, S. L., A. I. Nathanson y B. J. Wilson. 2002. *Prime-time television: Assessing violence during the most popular viewing hours.* Journal of Communication 52 (1) 84-111.

Triolo, S. J. y K. R. Murphy. 1996. *Attention Deficit Scales for Adults (ADSA) Manual for Scoring and Interpretation.* Nueva York: Brunner/Mazel.

Wagner, M. L., A. S. Walters y B. C. Fisher. 2004. *Symptoms of attention-deficit /hyperactivity disorder in adults with restless leg syndrome.* Sleep 27 (8): 1499-1504.

Weiss, G. y L. T. Hechtmann. 1993. *Hyperactive children Brown up: ADHD in children, adolescents and adults. Segunda edición.* Nueva York: Guilford.

Weiss, M., L. T. Hechtmann y G. Weiss. 1999. *ADD in Adulthood: A Guide to Current Theory, Diagnosis and Treatment.* Baltimore: The Johns Hopkins University Press.

Wender, P. H., L. E. Wolf y J. Wasserstein. 2001. *Adults with ADD: An overview. Annals of the New York Academy of Science 931: 1-16.*

Wilens, T.E., S.V. Faraone, J. Biederman y S. Gunawardene. 2003. *Does stimulant therapy of attention-deficit/hyperactivity disorder beget later substance abuse? A meta-analytic review of the literature.* Pediatrics 111:179-85.

CONTENIDO

10 soluciones simples para el déficit de atención en adultos, de Stephanie Moulton Sarkis, fue impreso y terminado en enero de 2009 en Encuadernaciones Maguntis, Iztapalapa, México, D.F. Teléfono 56 40 90 62